情系幼教　一路追逐

——探寻国际化特色鲜明的幼教之路

周　宇　雷　迪◎著

吉林人民出版社

图书在版编目(CIP)数据

情系幼教 一路追逐：探寻国际化特色鲜明的幼教
之路 / 周宇 , 雷迪著 . -- 长春：吉林人民出版社，
2020.11

ISBN 978-7-206-17814-6

Ⅰ . ①情… Ⅱ . ①周… ②雷… Ⅲ . ①幼儿园 – 国际
化 – 管理 – 研究 Ⅳ . ① G617

中国版本图书馆 CIP 数据核字 (2020) 第 234805 号

情系幼教 一路追逐：探寻国际化特色鲜明的幼教之路
QINGXI YOUJIAO YILU ZHUIZHU : TANXUN GUOJIHUA TESE XIANMING DE YOUJIAO ZHI LU

著 者：周 宇 雷 迪	封面设计：金 莹
责任编辑：金 鑫	助理编辑：李子木

吉林人民出版社出版 发行（长春市人民大街 7548 号） 邮政编码：130022

印 刷：定州启航印刷有限公司

开 本：710mm×1000mm		1/16	
印 张：9.25		字 数：160 千字	

标准书号：ISBN 978-7-206-17814-6

版 次：2020 年 11 月第 1 版	印 次：2020 年 11 月第 1 次印刷

定 价：39.00 元

如发现印装质量问题，影响阅读，请与印刷厂联系调换。

自　序

如果从我在学校学习学前教育专业算起，前前后后与幼教打交道已经30多年了。30多年来，我的很多同学和同行，有的下海经商，有的当了公务员，我却始终坚守在幼教第一线，不断学习幼教理论，不断探索幼教发展新路径，始终保持着对幼教事业的初心与情怀。

一、从学校到幼儿园——迈出幼教第一步

1986年，我从湖北省教师进修学院学前教育专业毕业，分配到中国人民解放军军事经济学院政治部下属的幼儿园工作，成为一名光荣的幼儿教师，迈出了幼教的第一步。

在我的整个幼教生涯中，有两位德高望重的园长，对我影响比较深远。一位是刘桃芝园长，湖北省幼儿师范学校毕业；一位是杨晓双园长，有丰富的企业管理经验。在她们身上，我看到了前辈们对待工作的态度，一丝不苟，兢兢业业，是她们的言传身教，让我明白了入行的初心。

刘园长对我特别关心，告诉我要迈好人生的第一步，干一行要爱一行。幼儿教育在整个教育体系中是最基础的环节，我们的教育对象又是有待启蒙的3～6岁的小朋友，把他们培养成什么样的人，怎样培养才能成为我们希望成为的人，这些都需要我们认真思考。

刘园长说，从事幼儿教育，需要做到"五心"。

一是要有爱心。要从心底爱孩子，如果不是发自内心地爱孩子，工作就会打折扣，简单应付。爱与不爱，孩子是会感觉得出来的。我一直记得这样的教导，我用爱心对待每一个孩子，我带的第一批小朋友现在也已经人到中年，他们都已经有了自己的孩子，还会记起当年的我，我感到特别的欣慰。

二是要有耐心。孩子是一张白纸，家长信任我们，将孩子送到幼儿园，交到我们手中，能画出怎样美丽的图画，全靠我们。孩子生性好动，

注意力不集中或者集中的时间有限，有时还会小调皮，我们应该按照幼儿成长的规律因材施教引导孩子，耐心地教导孩子，循循善诱。

三是要有恒心。有人说幼儿园老师不就是带孩子吗，教他们唱唱歌，跳跳舞，这有何难呀？殊不知，要成为一名称职的、优秀的幼儿园老师其实并不容易。第一，要懂得幼儿教育的基本理论；第二，要具备幼儿教师的基本素养，比如弹、唱、跳、画、说等基本功；第三，要在幼儿教育的实践中不断摸索出一条适合幼儿发展的幼教之路。这绝非一日之功可以达到，而必须要有恒心，日积月累，久久为功。

四是要有责任心。幼儿教育无小事，往小了说，关系到每个家庭孩子的成长，往大了说，关系到国家的未来。所以，工作中我们要保持高度的责任心才能保证孩子的身心健康发展。

五是要有进取心。新中国成立以来，幼儿教育的发展突飞猛进，幼教理论发生了非常大的变化。如果不与时俱进，将会被这个时代抛弃。自从入这一行以来，我不断地加强自我学习，聆听教导，学习研究幼教最新理论成果，将这些成果应用到自己的幼教实践和幼儿园管理之中，取得了不错的成绩。我每一年都会为自己确定一个目标，这个目标不是那么容易就能实现，但也不是好高骛远的目标，而是通过努力可以实现的。当这些目标实现以后，再确定新的更高更大的目标。不断进取，不断实现每一个小的目标，中长期大的目标的实现也就水到渠成了。

我从杨晓双园长身上学到了丰富的管理技巧与经验，可以说杨园长是我从事管理的启蒙老师。杨园长在担任园长之前是一家大型企业的高管，她有着非常清晰的管理思路，尤其是能够迅速判断事情的轻重缓急，然后调配幼儿园的资源有条不紊地去执行，去完成任务，这一点让我获益匪浅。我暗暗告诉自己，以后要向杨园长学习，如果自己能做幼儿园园长，一定也要雷厉风行，强调执行力。

两位园长的谆谆教诲，让我明白了做幼儿老师的光荣与责任，更让我懂得了做幼儿老师的初心，就是要做一个合格的幼儿老师，办让家长放心、让社会满意的幼儿园，在自己的岗位上为国家的发展尽一份力量。

二、从老师到园长——完成幼儿教育的第一次蜕变

我是一个做事认真的人，做任何事情，只要是我认准的，要么不做，要么就要做好。从事幼儿教育的第三年就被评为中国人民解放军原总后勤部优秀教师。这是一个非常高的荣誉，甚至是很多人努力一辈子也难获得的

荣誉，这也是对我从事幼教工作三年的认可。在那三年里，我对工作认真负责，经常加班在幼儿园做环创，参加武汉市和硚口区的各类比赛，多次获得一等奖。参加了幼儿园园本课程体系的建设，主持了园本教育相关项目的研究，获得了专家和同行的好评。

正是自身的不懈努力，才能从一名普通的幼儿老师逐渐成长为教学骨干、教学副园长直到园长。

从老师到园长的跨越是我幼教生涯的第一次蜕变。尽管位置发生变化，但我对幼儿教育的情怀始终未变，只是感到责任更大了，任务更重了。

在教师岗位上，我们只需要按照幼儿园的教学常规备课、施教就可以了，相对而言是比较单纯简单的。但在园长岗位上工作就要复杂很多。

首先，园长要对一所幼儿园进行顶层设计，或者叫战略规划。主要包括：幼儿园的定位，即你要办一所什么样的幼儿园，要思考幼儿园的办园理念，办园特色，怎样打造团队，如何培养老师等等。

其次，园长要进行实际操作。必须有一个凝聚力强的团队，才能将园长的理念执行下去。要带好团队，我觉得需要园长本身大公无私。群众的眼睛是雪亮的，园长所做的一切如果都是为了幼儿园，为了孩子，为了老师，大家都会从心底支持园长的工作。这也许就是园长个人的人格魅力。

再次，园长要对幼儿园建章立制。好的管理不是人管人，而是用制度管人。制度管人，制度面前人人平等，管理透明，奖惩分明。无论在哪儿做园长，都要将每项制度梳理得清清楚楚，让新到岗的员工人手一本员工手册，知道自己要做什么，怎么做。

最后，园长要严格执行制度。好的制度需要好的团队去落实，需要好的员工去遵守，否则，制度只能挂在墙上，形同虚设。我从不和员工争名利，加班都是带领大家一起做，却从不拿加班费。如果自己违反了制度规定，也要扣工资和奖励。只有这样，才有底气去要求员工严格执行规章制度。

三、初心不改，二次出山

2005年，我随先生被广东外语外贸大学作为人才引进人员，在英语教育学院做过教务秘书、工会主席等，干一行，专一行，应该说工作中也取得了一些成绩，得到了领导和同志们的认可，也认识了不少新朋友。但我始终认为这不是我的专业方向，我还是想回到幼教岗位去和孩子们在一起，将自己所学服务孩子和家长。这一愿望一直埋藏在我的心里，总在寻找契机，去实现最初的梦想。

机会来了，广外幼儿园因发展需要邀我到广外幼儿园担任园长。来到幼儿园以后，我发现幼儿园的硬件和软件都很落后，墙面脱落，灯光灰暗，地板是水泥地，夏天没有空调，只有头顶吱呀吱呀叫的风扇，操场一下雨就积水，玩具及教学设备极度缺乏。幼儿园多年没有参加过任何比赛，原有的广州市一级幼儿园的等级也因各种原因而降为区一级。团队建设更无从谈起，这与我们想象中的幼儿园有天壤之别！我预想过出任园长可能要打一场硬仗，但没有想到难度是如此之大。

考验的时候到了，我发誓要用最短的时间改变幼儿园的面貌，要用点点滴滴的变化让孩子们的学习生活尽快改善。

第一，我带领团队对幼儿园的环境进行改造。将幼儿园破旧的外墙粉刷成色彩鲜艳的受孩子们喜爱的图案和颜色。消除操场积水现象，孩子们可以每天到操场自由活动，玩耍嬉戏。每间教室精心设计布置，制作大量的教玩具，将杂草丛生的室外游泳池改建成室内游泳池，改造幼儿厨房和保健室，购买空调，将平层小礼堂改建成两层，下面增加教室，上面做成多功能室。这些改建需要经费，幼儿园没有经费，就想办法多方筹集。

经过这样的整修，幼儿园的环境焕然一新，孩子们开心得每天都想上幼儿园，放学了也久久不愿意回家。

第二，对幼儿园建章立制。我梳理了幼儿园一整套的规章制度，制定成教师手册，每个人都知道自己的位置和职责，工作按流程进行。每周都用一定的时间召开例会进行培训，让老师们养成照章办事，按教师手册执行的习惯。

第三，对团队进行培训打造。接手幼儿园之前，幼儿园没有一个具有凝聚力的团队，执行力就更不用说了。通过一段时间的观察，提拔了能力强的老师做副园长和园长助理，保留了后勤财务主管。给重组后的团队明确目标，分解任务，奖优罚劣。

第四，全面投入，为老师们争取最大利益。一线老师反映待遇偏低，家长反映教师队伍不稳定，这是提升教学质量的最薄弱环节，要想办法解决。我多次到校人事处、财务处反映幼儿园的困难，希望引起校领导的关注。校领导对教职员工子女的成长非常关心，校长多次来幼儿园考察，发现幼儿园的变化日新月异，多年来被投诉最多的幼儿园，不仅没有了投诉，而且还得到了教职员工的交口称赞，校内教师们也安心教学了，一直以来压在校长心里的石头终于落地了。校长专门从校长基金里拿出专款支持幼儿园的建设。家长朋友们也多方为幼儿园争取利益，帮助老师们提高待遇。在大学各级领导的关怀下，在家长们的大力支持下，老师的工资有了较大幅度的增长。从此，幼儿园教师都能安心做好本职工作了。

第五，迎接广州市一级幼儿园评估。我的目标是要在自己任期内，带领团队将几代广外幼教人梦寐以求的广州市一级幼儿园的资格拿到手。广州市一级幼儿园是广外幼教人一直努力的目标，但由于各种原因，幼儿园现有条件与市一级幼儿园的要求还有很大差距。我带领大家找差距，补短板，加班加点努力干，在大学各级领导的全力支持下，在市、区教育局的督导下，在专家们的指点下，在全体员工的共同努力下，经过多次督导、整改、评估，整整用了 3 年的时间，终于在 2016 年 11 月，顺利通过了广州市一级幼儿园的评估。

第六，突出国际文化体验特色。广外是一所国际化特色鲜明的高水平大学，作为广外的附属幼儿园，可以借助于大学国际化的特色，充分利用好大学的人力资源，彰显幼儿园的国际化特色。我带领团队从课程体系、环境创设、系列活动、重大节日等方面，让幼儿在园期间可以体验到 13 个不同国家的文化和风俗习惯，了解当地建筑和美食，学习多国音乐、舞蹈和礼貌用语。并充分利用广外留学生资源，请他们来园和孩子们互动，培养一批"懂礼貌、守规则、受欢迎的具有中国情怀、国际视野的世界小公民"。这样的办园理念得到家长们的充分肯定，一致认可。

经过三年的持续努力，用家长们的评价来说：广外幼儿园发生了翻天覆地的变化，真是化腐朽为神奇！部分原来在校外他园就读的孩子，家长又想办法将孩子送回来，现在是一位难求，很多家长为了让孩子上广外幼儿园特别租住回大学校园来。

四、品牌输出，二次创业

广外是华南地区语种最齐全的大学，是国际贸易、外国语言文化和国际战略研究的重要基地。建校五十多年来，为我们国家输送了一大批懂得国际规则和跨文化交际的专门人才，她在华南地区享有盛誉。广外教育集团负责大学教育品牌的输出，到目前为止，广外中小学品牌的对外输出已经形成一定的规模，省内省外合计有 11 所之多。如何将具有特色的幼儿园对外进行品牌输出是新时期教育集团思考的重要问题。解决了此问题就可以建立从学前教育到中小学再到大学的全产业链，实现广外的可持续发展。

2014 年 3 月，大学决定与佛山市高明区国信控股集团合作，创办广外佛山君御幼儿园，赴高明开拓疆土的重任又落在了我的肩上。改造一家幼儿园，经过 3 年多的实践应该说是成功了。但新建一家幼儿园，而且是民办幼儿园，对于我来说无异于二次创业。我接手筹备的时候，幼儿园还是一张图纸，园舍还在建设之中。还要结合建设周期同步规划未来幼儿园的教室、功能室以及环境创设等方面，真可谓是白手起家呀！

　　要远离广州，待在佛山高明，不能与家人团聚，不能照顾家，筹建君御幼儿园的日子要忍受孤寂，克服生活不便等困难，但我把筹建新幼儿园看成一种全新的实践，检验一下自己的教育理念能否被更多的家庭所接受，能否帮助更多的家庭科学育儿，同时也是考验自己的能力。实践证明，一个人的能量是可以被激发出来的，只要你有梦想和目标，只要你热爱你做的事业，再苦再累，你也不会放弃。

　　经过半年多的筹备，广外佛山君御幼儿园在高明西江边拔地而起，成为当地少有的高端精品幼儿园。

　　经过 3 年的努力，君御幼儿园实现了满园。

　　回望来时的路，有太多的经验教训需要我们总结，以利于我们更好地前行。展望前程，有太多的未知等待我们去探索，期待我们创造更大的辉煌。这就是我们出版此著作以飨读者的目的，是为序。

周　宇

2020.5.23

目 录

第一篇 理 念

第二篇 实 践

第三篇　硕　果

第一篇　理　念

第一章　世界幼教　中国视角

在全球化的今天，世界各国的幼教理论推陈出新，各具特色，相互融合。中国的幼儿教育应该"走出去"，借鉴世界各国先进的教育理念与教育方法，为我所有，创设具有中国特色的办园之路。为此，我先后考察了韩国、日本、新加坡、芬兰和美国的幼儿教育，这些国家的幼教各具特色，对于我们走国际化特色鲜明的幼教之路有重要的启示意义。

第一节　德育教育考察之旅

我园的老师们在进行国际文化体验时，一直在思考，如何通过体验活动，让小朋友了解韩国、日本文化和中国文化的相似与不同，从而知道中国有5000多年历史，对博大精深的中国文化产生自豪感，让他们从小就满怀热爱祖国的情感。带着这些问题，我来到韩国，对韩国的幼儿教育进行了考察。

一、韩国幼教的特点

众所周知，中国是礼仪之邦。韩国作为中国的近邻，是东亚文明的一支，与中华文化一脉相承，我们在韩国文化中可以找到中国宋朝文化的影子。韩国也深受中国儒家思想的影响，这在其幼儿教育中体现得特别明显。韩国特别重视对幼儿进行尊老爱幼的教育。通过考察，我们发现韩国幼教具有以下特点。

（一）把德育放在第一位

韩国非常重视对幼儿进行道德品质教育，其中的礼节教育最令人印象深刻。礼节教育内容包括个人生活礼节、家庭生活礼节、学校生活礼节、社会生活礼节、国家生活礼节等。让孩子一举手一投足都能做到彬彬有礼，落落大方。

（二）高度重视素质教育

韩国幼儿教育在课程设置上围绕春、夏、秋、冬四季和重要节庆活动来设置课程，让孩子们了解大自然，感悟多姿多彩的世界，培养孩子洞察力。结合韩国的传统、现实生活来教育孩子，培养孩子对韩国历史文化的传承，让孩子明白每一个人都是社会的人，不仅要自我发展，同时要关爱他人，回馈社会。

第二节　礼仪教育考察之旅

日本是中国一衣带水的邻邦，日本文化与中国文化更相近，绝大部分是从中国唐朝文化中传承下来的，比如，日本也使用汉字，也过春节、中秋节等，日本的汉方药其实就是来源于中医药。为了解日本是如何推崇中国文化，从而增强对中华文化的自豪感，我对日本幼教进行了考察。

一、日本幼教的特点

通过考察，我们发现日本幼教具有以下特点。

（一）依法办学

日本受西方的影响，很早就关注法制建设对日本经济社会发展的重要性。早在1889年，政府就制订了幼儿园规则，明确了幼儿教育的目标。1926年，文部省制定《幼儿园令》，开创了日本为幼儿园单独制定法律的先河。"二战"结束后，随着经济的复苏和社会的重大变革，学前教育也获得了较快发展，这期间陆续颁布了许多和学前教育相关的法律法规，20世纪60年代以后，政府根据社会发展的需要，通过了振兴幼儿教育的决议。进入20世纪90年代，文部省先后颁布了新的幼教法规。进入21世纪，伴随着经济全球化和文化多元化进程，日本政府根据自身经济社会发展需要，对原有的法律法规进行调整。

（二）学前教育机构设置实行二元制

由于历史原因，日本学前教育形成了幼儿园和保育所并存的"二元制"。幼儿园主要招收3～6岁儿童，保育所主要负责0～6岁儿童的教养。日本幼儿园分为国立、公立和私立3种。20世纪60年代以后，日本社会要求幼儿园和保育所在制度上实现一体化的呼声日益高涨。目前，两者一体化虽未完全实现，但融合的趋势已日益明显。

（三）办学经费充足

很长一段时间日本都是世界第二大经济体，再加上日本对学前教育的重视，在办学经费上给予了足够的支持。学前教育经费由国家、地方和家长三方负担，其中地方政府拨款比例较大，占44.74%，国家拨款占6.6%，学费比例为40.99%，其他占比7.67%。一般情况下，国立、公立幼儿园（所）相对费用较低，家长负担金额为8%；私立的相对较高，家长负担金额为35%。日本有近60%的私立幼儿园。为了更好地促进学前教育发展，政府对私立幼儿园经常进行补助，包括"机构补助"和"幼儿津贴"两部分："机构补助"主要用于设备及各种事务费用；"幼儿津贴"以福利形式发放给儿童家庭，政府根据家长的不同情况进行补助、减免其子女进入私立幼儿园的入园费和保育费。

（四）保持课程设置的独立性

日本学前教育课程分为5个领域——健康、人际关系、社会、语言和表现。日本学前教育较少受国外教育思想的影响，有着浓厚的民族特色。20世纪80年代以后，蒙氏教育（Montessorimethod）、瑞吉欧（Reggio Emilia）、高瞻课程（High Scope）等的引入，并没有改变强烈的大和民族色彩。

（五）对幼儿教师素质要求较高，但对师幼比要求较低

日本十分重视幼儿教师的培养。在日本，要成为幼儿教师必须先在大学或短期大学（相当于我国的大专）进行相关学习。日本学前教育有着相对较高的教师幼儿比。一般情况下，幼儿园的教师幼儿比为1：25，部分幼儿园达到1：30。日本幼教界认为，如果一个班师幼比低于1：25已进入一个危险的地带，这种情况下虽然有利于教师对幼儿进行一对一的个别指导，却不利于幼儿之间的相互影响，更不利于幼儿独立解决问题。

二、考察后的感悟

日本对幼儿进行的是抗挫折教育，从小培养孩子坚强的意志。即使在寒冷的冬天也要对孩子进行体能训练，这也得到了家长的支持。日本国民对孩子有高度自律的要求。在去日本考察之前，我想经济这么发达的国家，老师配比一定会比较高吧。去了日本才知道，日本的师生比远没有中国这么高。25人的班级，只配了一个刚刚从大学毕业的年轻女老师。我还担心一个女老师能管得住这么多孩子吗？但我看到的情景让我感到担心是

多余的。孩子们非常有序，遵守相关规则，课堂也很和谐。守规则的意识与家庭的培养有关。

第三节　规则教育考察之旅

新加坡国家虽小，但她幼儿教育的双语特色久负盛名。另外，这个国家严格的规则意识大家也早有耳闻。带着对这两个问题的好奇，我对新加坡的幼儿教育进行了考察。

一、新加坡学前教育的特点

通过考察，我们发现新加坡幼教的特点主要体现在学前教育的性质、目标、课程、制度类型和管理体制的发展等方面。

（一）政府严把质量关

新加坡教育部和相关机构联合成立了学前教育质量标准委员会，以确保学前教育教师培训的质量。委员会制定的质量标准对于教师的各种证书和学历，以及幼儿园课程目标、内容、大纲和年限都做出了详细规定。

（二）注重培养幼儿的综合素质

新加坡学前教育的目标是丰富儿童的知识经验，培养幼儿明辨是非的能力，愿意与他人分享和交流，具有好奇心并勇于探索未知，掌握基本的听说技巧，培养儿童良好生活习惯，与他人和睦相处，具备优良的道德品质，掌握独立生活的能力。着重培养儿童在数学、音乐和律动、语言、艺术和工艺、社会学习、室内外体育活动等方面的发展。

（三）办学形式灵活

新加坡学前教育主要有两种形式：托儿所和幼儿园。托儿所主要招收对象是2个月至6岁的孩子。早7点至晚7点。收费不等。托儿所为了配合父母的工作，受托时间和形式都十分灵活，为家长提供了极大的便利。幼儿园招收的对象主要是年龄在4～6岁的儿童。各幼儿园的具体情况也不同，幼儿园的教师资格、教材、课程由教育部统一进行审核监管，政府不对其补贴费用。

（四）课程设置融合发展

近年来，新加坡尝试了一种新的课程模式，为幼儿提供了一种更整合的课程体系，融合了英国的校本课程和布鲁纳的螺旋式课程模式以及海外先进的学前教育课程经验，确立了学前教育目标，细化了教学实践步骤。

（五）政府鼓励教师专业化发展

幼儿教师专业发展是幼儿园教育质量的保证。新加坡没有设立专门的教师培训机构，教师先从事教育工作，然后根据幼儿园教师的实际需求进行专业培训。新加坡政府出台了一系列对幼儿教师的培训和激励，吸引了更多优秀的学前教育教师，进而学前教育教师的分工逐步成型，确立了学前教育教师的专业地位。

二、考察后的感悟

新加坡尽管国家小，资源有限，但她能充分利用有限的地理环境，借助于外来人多，华人多的优势，发挥英语为官方语言的优势，在幼儿园进行双语教学。同时，新加坡非常注重规则的建立并严格执行，这些对中国的幼儿教育如何养成良好的行为习惯，如何培养规则都有重要的启示意义。

第四节　普惠教育考察之旅

一提到芬兰，大家首先想到的可能是芬兰浴。其实，芬兰的幼儿教育也给人印象深刻，排在全球之首。所以人们似乎逐渐形成了一个共识：世界上最好的教育不在英国、美国等国，而在芬兰。芬兰的幼儿教育好在哪里呢？带着这样的好奇，我考察了芬兰五六个不同城市、不同性质的幼儿园。

一、芬兰幼教的特点

（一）国家负担学费

北欧芬兰是一个高税收、高福利的国家，在学前教育阶段体现得尤为明显。2001 年以后，学前教育费用一般只由国家和地方财政支付，家长不用再交费，只需要在儿童入学前在教育机构填写申请表，并附上自己的纳税记录即可。正是得益于完善的福利保障，才保证了全国接近 100% 的儿童都能平等地接受学前教育。

（二）教师专业素质较高

按照《芬兰教育法》的规定，所有从事学前教育的教师都必须拥有硕士研究生以上的学历，并且还要通过教师资格考试才能有资格申请学前教育教师职位。芬兰学前教育教师都由大学来负责培养和培训，这也保证了培养的教师运用先进教育理论和先进教学手段改进教育教学的能力较强，并且具有较宽的知识面。

（三）教育资源丰富

芬兰国内博物馆超过 300 个，遍布国内各处，18 岁以下的儿童和青少年可以免费入场。芬兰全国大约有 1000 个公共图书馆，平均算下来，差不多 250 个芬兰人就拥有一个，人均占有图书馆的比例高居世界首位。所有图书馆对所有人都是免费开放和借阅的。这些都为芬兰学前教育的充分发展提供了丰富的教育资源。

（四）高度重视家庭教育

在芬兰，家庭教育被认为是学前教育的重要组成部分，因而受到高度的重视，被赋予很大的教育责任。大部分的芬兰父母都有从孩子很小就给他们阅读、讲故事的习惯，但他们的重点在于使儿童从小形成一种良好的习惯和兴趣。

二、考察后的收获与感悟

芬兰国家层面非常重视幼儿教育，幼儿 6 岁以前，在学习芬兰语的同时，鼓励学习英语。与中国相似，芬兰幼儿园也分成公办和私立两种类型。一般家庭会选择公办幼儿园，如果有个别家庭有特殊的更高的需求，可选择私立幼儿园，收费略高于公办幼儿园，这两者之间的差额由国家给予补贴。是上公办还是私立幼儿园，有时可能受距离的远近影响，往往就近入学。

芬兰政府鼓励孩子上学前班，一般是 2 年，但不是学小学的内容，只是为小学的学习做必要的准备，比如在习惯、心理、能力等方面做一定的准备。

芬兰的现象教学令人印象深刻。所谓"现象教学"，即事先确定一些主题，然后围绕这些主题，将相近的学科知识重新编排形成学科融合式的课程模块，在同一模块中囊括经济、历史、地理等各种跨学科的知识，以主题贯穿学习全过程，以课程模块为载体，实现跨学科教学。这有点类似于我们的综合教学或项目学习（研究型课程），即事先设定特定任务目标，学生在合作和探究的过程中实现任务目标。现象教学的综合性和体验性值得我们在未来的教学中进一步加以研讨。

第五节　个性教育考察之旅

美国作为世界上头号经济强国，其幼教的理念是怎样的？其硬件软件与中国比有何特色？带着这些问题，我对美国幼教进行了考察。

一、美国幼教的特点

（一）学前教育，法律先行

美国一直以来推崇以法治国，是法律制度相对健全的国家。在学前教育的运行管理、财政拨款、评级监督等方面，制定了相关的法律，保障学前教育的顺利进行和正常发展。各州根据地域实际情况，制定相关的教育法律和政策法规，为本州的学前教育发展提供法律保证。

（二）质量监控，严格把关

教育质量的提高不仅来自教育实施者的素质能力，更需要借助科学、有效的质量监控保障系统监管。美国投入大量的财力物力来建设质量监控体系，这为美国学前教育占据世界领先水平提供了保证。美国的评级系统具有监控教育实施过程的功能，还具有帮助改进和扶持的功能。这极大地促进了教育机构改进教育质量的能动性和积极性，形成良性循环。

（三）教师资格，严格认证

教师资格认证制度是美国法定的职业准入制度，想从事幼教工作的人获得任教资格，必须取得这些进阶式资格证书：幼教执照，教师资格证，初级、中级资格证，国家高级教师资格证。美国的幼儿教师准入制度非常严格，对新教师的考核要求高，这样既保证了优质的师资力量，同时，也会保证学生的教育质量。

二、考察后的感悟

美国整体的教学理念是尊重幼儿个性发展，以幼儿为主，不管是白人还是黑人家庭的孩子，在幼儿园教育都是以游戏为主，在游戏中根据孩子个性需要加以引导。

在美国考察时，其高瞻课程给人印象深刻。高瞻课程体系、高瞻课程价值、高瞻课程核心、高瞻课程特色、高瞻课程优势等值得我们后续进一步研究学习，以跟上国际先进的教育理念、教育思想和方法。

结语

正是通过对韩国、日本、新加坡、芬兰和美国幼教的考察，使我们有机会将我们的教育理念、教育目标和教育方法与发达国家幼教进行对比，让我们的目标更加清晰。经过反思，我们也凝练出了自己幼儿园的培养目标，即培养"懂礼貌，守规则，受欢迎"的具有中国情怀，国际视野的世界小公民。

世界正经历百年未有之大变局，各国幼教也在不断向前发展。只要我们坚持包容开放，吸取世界各国幼教之长，发扬中华文化的优势，就一定能走出一条国际化特色鲜明的幼教之路。

第二章　办园理念　园所之魂

第一节　凝练办园理念的重要性

决定一所幼儿园发展走向的是园长，而赋予幼儿园灵魂的是园长的办园理念。办园理念犹如幼儿园的导向灯，决定了一所幼儿园的定位，而定位决定了它的发展方向，我们要从战略高度思考这一问题。作为园长，我们要秉承什么样的理念，把幼儿园带往何方，这是一个我们必须思考的问题。

考察过世界各国的幼儿教育，尤其是考察过日本幼儿教育后，我们发现，他们非常注重细节和良好行为习惯养成，这是许多日本幼儿园的核心理念，而这一理念在日本长期的教育实践中也是得到了极好的验证的。

第二节　我园的办园理念

带着思考，我们凝练出了自己的办园理念：一切为了孩子，坚持全人教育，培养走向世界的现代人。而办园理念应该要落实到园所的培养目标上。我园的培养目标共九个字："懂礼貌，守规则，受欢迎。"简简单单九个字却蕴含着极其深远的教育意义。

懂礼貌不仅仅是培养孩子热情待人，主动问好，我们更注重引导孩子认识各种礼节、礼仪，例如：进餐的礼仪，观礼的礼仪等，有中国传统的礼仪，也有西方社会礼仪。认识本土礼仪，包容接纳他国礼仪，从而培养孩子宽阔的眼界和世界观。

对于守规则的理解，从狭义来说，是要孩子们遵守幼儿园和家庭的一些生活规则，从广义来说，就是要遵守这个人类社会的规则，自然界的规则。规则是现代文明社会的一个重要内容，规则意识越强，文明程度就越高，我们从在幼儿园里的每个细节开始去培养孩子的规则意识，试想多年以后，我们的社会将会是怎样一翻情景，文明程度达到更高的水平，人类社会一定更加和谐美好。

再说说受欢迎，孩子于每个家庭来说都是宝贝，无论这个孩子什么样子，家里的每个人都会无条件的爱他，但是社会会不会无条件爱这个孩子呢？怎样的人才是受欢迎的人呢？一个高情商的人是受欢迎的人，而一个人的情商体现在如何认识自我，如何对待他人，如何对待世界。一个孩子，彬彬有礼，文明守则，自信大方，懂得感恩，胸怀祖国，着眼世界，这样的孩子，无论走到世界的任何地方都是受欢迎的，是有能力拥有幸福生活的。

所以，我们将办园理念落实在培养目标上，培养"懂礼貌，守规则，受欢迎"的具有中国情怀、国际视野的世界小公民，为每位孩子走向世界奠定基础。

第三章　心之所向　精神家园

第一节　为什么要办幼儿园

要回答这一问题，简单点讲是因为社会有需求。尤其是国家人口政策的调整，可以预测未来对幼儿园的需求还会增加。幼儿教育是整个教育体系的重要入口。政府教育主管部门创造条件尽力向社会提供更多的优质幼儿教育资源，但对优质名园仍供不应求，我们幼儿教育工作者都有责任和义务提升办园质量，实现幼儿园和全社会的双赢。

第二节　办一所什么样的幼儿园

这涉及一所幼儿园的办园理念与目标。办一所幼儿园不是找几个老师带带孩子那么简单，在办园之初你就要弄清楚，你要把孩子培养成什么样的人。比如说广外佛山君御幼儿园以"一切为了孩子，坚持全人教育，培养走向世界的现代人"为办园理念，以培养"懂礼貌、守规则、受欢迎"的具有中国情怀、国际视野的世界小公民为培养目标，要把幼儿园办成国际化特色鲜明的优质名园。我们的理念和目标都非常清晰，这是我们行动的指南。

第一，要有一支高效精干的管理团队。

以园长为核心的领导班子要能吃苦耐劳、敢于创新、团结协作。对于幼儿园的中层管理者，敢于放手，鼓励创新。要求每位中层领导都要具备敢于承担重任的魄力。对于教师，我们更注重培养其主人翁意识，让每位教师参与到幼儿园的管理，慢慢的，每位老师面对每项工作都能以组织者的身份积极参与，例如，活动打包制。将某项活动交给某些老师去策划、组织，从方案制定、物资准备，到人员安排等等，充分锻炼了教师的活动组织能力。在我们这个团队，说的最多的一句话是"你想怎么做，请说出你的想法"，鼓励教师大胆创新、大胆尝试。每位员工都能积极思考，从被动变主动，这样就形成了我园独有的工作风格，我们把它称之为"高铁效应"。

第二，要有一支优质专业的教师队伍。

幼儿园要拥有一支高素质、高起点、高能力的爱岗敬业、乐于奉献的教师队伍。也许我们的老师在来幼儿园时还有这样或者那样的不足，只要来到幼儿园，我们就会提供机会与平台让老师与幼儿园共同成长。具体做法有：

（1）专业之前是师德。我园一直以来都非常重视师德建设，"强师德、铸师魂"是我们师德建设的目标。我们每学期都开展各种师德学习，比如演讲比赛，通过活动让教师真真切切感受到教育是良心工程，只有对孩子真心付出爱心，才能体会教育工作的乐趣，同时，我们结合幼儿园工作的实际情况，提出"用我们的一言一行来影响孩子的一生"的口号，从教职工最基本的语言和行为习惯抓起，使孩子能够逐步形成良好的行为习惯。

（2）真挚的人文关怀，为教师铸就一个幸福的港湾。工作中，我们是并肩作战的战友，生活中，我们是感情深厚的姐妹。首先，我们为教师提供一个舒适、自由、开放的工作环境，让教师能静心钻研教学。其次，幼儿园工会积极关注教师生活。例如：教师生病了，工会会及时前往探视。让每位员工在幼儿园工作都犹如身处一个温馨大家庭。

（3）组织教师参加各类活动，为教师提供多样化的展示舞台。例如：参加各类才艺大赛。对于表现优秀的员工给予层层奖励。

（4）人才输入严格把关，全部保教人员持证上岗。

（5）教师培训系统化。

①每一位进入幼儿园的员工都要接受系统的培训。例如：员工手册培训、新教师岗前培训、各岗位工作规范流程图以及坚持每周教学研讨。力求让培训有针对性、时效性和面向全体。

②采用多种手段促进教师专业成长。我园自开园以来多次外请专家、同行来园进行培训及研讨，例如：请广州萝岗香雪幼儿园的王秋教授来园进行《木工活动如何开展》的专题培训，请广州中医药大学幼儿园管理团队来园研讨《国际文化体验如何深入地开展》，同时，我们还派出多名教师和管理人员到广州、郑州、长沙、上海等地参加各类培训。学习回来后，我们要求参加培训者组织一次园内再培训，将外出学习的经验带给每位同事，促进教师整体水平发展。

14

（6）依法为全体教职工购买养老、工伤等社会保险、住房公积金。员工子女入读本园及佛山外校有较大的优惠。身处在一个优美和谐的工作环境，所以我们的职工都能够安心的工作、快乐的生活。

第三，要创设优美有特色的育人环境。

我们从广州来到高明，就是要立足于高明，和本地的幼教同行共同将高明的学前教育做好，服务高明的家长朋友。所以我们在创办这个幼儿园的时候就围绕我们的教育理念来创设教育环境和人文环境。

（1）为幼儿提供便于开展游戏活动的各类设施设备。大型玩具、沙池、水池、篮球场、足球场、高尔夫球练习场、攀爬墙、宽阔的户外场地等等。

（2）我园依托高校品牌优势，共享其教育资源，确定了自身国际文化这一特色定位。为此，我们创设了与之相符合的教学环境。我们每个班级都是以各国首都命名，例如：北京之家、首尔之家、东京之家、巴黎之家、伦敦之家等。每个课室的设计都融入其相应国家的文化元素。例如：北京之家（脸谱、京剧人物），东京之家（樱花、富士山），巴黎之家（埃菲尔铁塔、卢浮宫），等等，这些具有代表性的文化元素都将在课室呈现，让整个课室看起来主题鲜明。

（3）幼儿园的各个地方的环境都围绕办园理念的核心思想来创设。在我们的四楼办公区展示着平等、合作、务实、创新几个大字，是我们园的园风，激励着每个人严格要求自己。在办公区里为教师提供了一个可以舒适办公和进行教学研讨的空间。幼儿园还设立了专栏《爱的足迹》，其中有个专题叫温馨港湾，专用于教职工们分享家庭快乐和心情格言。幼儿园为孩子们提供了一个舒适安全的快乐天地，也为教职员工提供了一个自由、舒适、开放的工作环境。

第四，要凝练鲜明的办园特色。

（1）我园一直以来都推行体验式教学。通过主题活动、国际文化体验等一系列课程，全方位地培养幼儿健全的人格。例如：我们在学习主题《寻找春天》时，把孩子带到小区和智湖公园，让孩子在大自然中亲身感受，引导幼儿观察、寻找春天的特征，孩子所学的知识来自于自我发现。

为了培养幼儿的动手能力、想象力，以及更加全面地陶冶幼儿的情操，我们还开设了陶艺课、远足课、木工课、烘焙课等特色课程。其中，丰富多彩的主题教学活动从五大领域让孩子在体验中收获生活的乐趣：快乐有趣的外教课堂；深受孩子们喜爱的陶艺课、木工课和烘焙课；精彩纷呈的远足活动等等都培养了幼儿动手动脑的能力，也陶冶了幼儿的情操。

（2）提取精华，形成特色。广外佛山君御幼儿园是广外教育集团旗下一所幼儿园，享有高校品牌优势，拥有丰富的教育资源，努力构建有别于其他双语幼儿园的特色鲜明的国际化幼儿园。国际文化体验课是我园精心打造的特色课程，每学期有计划地实施一个本土文化、两个东西方的国家文化体验活动，使幼儿在园三年共体验 12 个具有代表性的国家文化。通过各种形式的活动引导幼儿学习了解相关国家、民族的自然环境、民族文化、生活习惯、礼貌用语等，体验精彩的异国文化，培养幼儿博大的世界胸怀。

第五，要有活泼灵动的园所文化。

我园以"一切为了孩子，坚持全人教育，培养走向世界的现代人"为办园理念，依托一流的教学设施、雄厚的师资力量，通过形式多样的活动，学习多国语言，感受中华文化，体验世界风情，使孩子们成为"懂礼貌、守规则、受欢迎"的具有中国情怀、国际视野的世界小公民。有了好的教育理念，就要将它转化为好的教育行为，不然，所有的理念将是空谈、口号。将我们的办园理念和培养目标融入幼儿园的每一项工作、每一个细节。每一个活动的开展都围绕我们的核心理念去策划，我们从不仅仅为了开展活动而开展活动。

活动育人，育了孩子也要育老师，还要育家长，幼儿园的每一处环境的创设，每一次活动的开展，既要利于孩子的发展和教育，还要考虑对教师的锻炼和磨砺，更要着眼于对家长的引领。三位一体沉淀出灵动的园所文化，让幼儿园成为孩子们快乐的生活乐园，成为教师和家长共同的精神家园。

第二篇 实 践

第四章　管理体系　固本强基

第一节　制度体系建设

对于一所幼儿园来说，理念是指引园所发展的航灯，制度是规范员工言行的准则，而流程是帮助员工高效工作的模板。这样才能形成一整套严谨的管理体系。前面的章节，我们已经阐述了理念的重要性。本章节，我们将来谈谈幼儿园的管理机制。

第一，岗位职责要明细化。明确部门职责，再由部门负责人去明确所属部门人员的职责。工作落到实处，提高执行力。层层落实是团队梯度打造的根本。

第二，制定相关的制度。制度的制定应该是人性与刚性相结合，既考虑到以人为本，同时又不失制度约束性的功能。制度的功能不仅仅是管束，更是一种保护，让员工明白这一点，同时参与制度的制定，这样的制度既可以落地，又能服众。

第三，各项工作流程化。我们将幼儿园的工作划分为行政类、保教类、后勤类。由各部门的负责人制定本部门的各项工作流程。流程是指引员工规范工作的工具，它不同于制度，制度一旦定下来不能随意更改，而流程则是可以根据实际工作不断更新和调整的，目的是更好地指引工作。从大型活动到各类培训、会议，甚至是保安接待来访都要有精细、固定的流程，正所谓简单的事情重复做，重复的事情认真做，严格按照流程操作，确保每项工作都能有条不紊地进行。

第四，绩效考核常态化。科学的绩效考核机制可以有效地提高员工的工作积极性。我们制定了一套完整的绩效考核方案，从每月量化考核分积累到年底绩效分，对每位员工进行公平公正的考核，奖惩分明，提高工作积极性。绩效考核成为衡量员工工作的有力保障。

第二节　教师队伍建设与发展

幼儿园的发展离不开教师的专业素质和成长，而教师的专业发展却非一朝一夕可以完成的，而是一个持续的过程。在这个过程中教师会有收获会有成长，但同时难免也会遇到困难和挫折。幼儿园作为教师的另一个"家"，如何保证教师的可持续发展以及持续成长，这是每一个幼儿园管理者都必须考虑和努力给予相应帮助的。在严格遵守法规和制度的同时，有必要建立有效的激励机制和管理策略以保证教学的可持续发展，同时鞭策各位教师不断提升自我。

在和教师的相处过程中，如何助力教师的专业素质成长，如何提升整体教师队伍水平与建设……是我们不断思考和努力前进的方向。

（一）教师发展评价举措，用评价促发展

构建适合专业发展的教师评价制度，是幼儿园管理者督促教师提升的评价标准。它是影响幼儿园教育质量的关键因素。作为教师，他们是孩子日常生活的中接触最多且最亲密的人，在幼儿的日常活动中他们既是支持者、合作者更是引导者。

基于《3～6岁儿童学习与发展指南》（以下简称《指南》）精神，幼儿园应根据教育规律、办园特色、园本建设等方面鼓励教师对自己的教育教学进行分析、反思。首先可以从以下四个方面让教师建立自我评价体系。

（1）对幼儿的积极发展评价。即高度重视幼儿的发展质量、活动中幼儿的表现，如幼儿学习品质、能力水平提升等。

（2）对观察分析解读幼儿的能力评价。即教师利用《指南》对幼儿的表现与行为进行适时地观察解读，并能通过自己的教育教学活动促进幼儿在原有水平上的发展。

（3）对师幼互动的质量评价。即是否真正关注幼儿的需求、和幼儿有良好的交流等；有效的师幼互动是幼儿园教育活动价值体现的重要手段，良好的互动体验才能更好地推动幼儿经验的建构。

（4）教师对个体差异的把握评价。《指南》强调"尊重幼儿发展的个体差异"；教师在教育过程中适当评价幼儿在学习兴趣、经验、能力等方面的个体差异，形成合理期望，并制定合适目标促进幼儿个性健康成长。只有充

分发挥评价的导向功能，教师更多地关注幼儿、尊重幼儿、解读幼儿，发挥评价的改进功能，才能提高教师促进幼儿学习与发展的专业能力。

通过以上教师的自我评价能让各个年龄层（工龄）的教师对自身有一个更准确的了解；通过"自省"发现不足和优势得以继续前行。接下来多角度的发展性评价是园内对教师教学水平提升和师资队伍培养的一个重要方式和举措。

1. 对不同教师的评价指标不同。

（1）对任职时间较短的教师主要以较好的完成计划为目标，采用综合性评价；

（2）对任职时间较长的教师则要求其进行深入的实践研究，并总结研究成果以及整改、提升园本课程等。

2. 学会等待也是对教师进行发展性评价的举措。

人的成长是非常具有弹性的成长时间（进步速度、个人原有水平等均不同），应尊重个体之间的发展存在的差异，同时注重引导教师们之间互相欣赏，分享彼此成长的过程，形成健康的人格和心理，并引导大家做和谐集体、和谐社会的倡导者和实践者。

3. 制定阶段性发展计划。

实施教学者注重在不同发展阶段提出不同的办园目标和方向，并为上级提供创造活动（创造想象和创造思维的空间等），强调在实现阶段性共同愿景中培养和打造年轻、干练、有为的教师队伍。

（1）搭建交流和研究的平台是途径。

① 管理例会是为上级和下级搭建的共同学习成长平台。每位教师要将自己一段时间以来的收获与大家分享，使经验、资源、信息在瞬间得到共享和传播。

② "推门听课"是促进教师教学专业发展的又一实质性举措，包括看幼儿、看教师、看活动、看环境等。引导教师提升教学水平，关注幼儿园的方方面面。幼儿园无小事、细节决定成败。

（2）提供进修机会是重要举措和发展所需。

为适应当前幼教改革的快速发展，必须特别重视教师的进修和培训，并本着"一人提高，全员受益"的理念和原则。

外出参加学习的教师因及时把学习和领会的新理论与实际工作联系起来，把自己的体会讲出来，把好的方法适时利用起来……这样，就不仅仅是提升个别教师的理论水平。

同时，也使幼儿园全体教师的整体素质提高到新水平。为了提升从教学到科研的能力，教师自觉完成了变被动学习为主动研究，从随机学习到具有一定的目的学习，从方法、行动到反思、行动的转变。

建立相关制度，为教学管理人员专业发展提供保障。规章制度是基本活动准则，是幼儿园的规范作用和行为指向。它可以保证正常工作秩序，提高管理成效。但幼儿园作为"基层单位"对教学管理者的培训有别于在职教师的培训！因此我们本着"立足本园实际，寻找理论与实践结合点的原则"，注重在实践中提高教学管理人员发现问题、分析问题和解决问题的能力。

引导教学骨干"以老带新""转变角色"，真正成为新老师的引领者、推动者、支持者和合作者。培训形式主要包括案例培训、实践培训、谈话训练，以及外出参加学习，提高了学习组织机制，促进教师的专业发展，为教师团队提升理论水平创造了良好的氛围。

首先，需提高理论水平。如可以要求老师每月读一本自己喜欢的书，写出读书感想并在主任例会上相互分享。通过此项活动，大家总结得出"教育应从我开始，即引导教师相信孩子必须从相信教师开始"，促进孩子发展必须从促进教师发展开始，提高教师素质从提高自身素质开始。其次，幼儿园还应为教学人员提高沟通和协调能力提供操作平台。具体的沟通方式包括：一对一式、互动式、分享交流式、分园专题式、讨论问题式等多种灵活有效、富有针对性的方式。途径的实践过程本身就是自身专业素质不断提升的过程。

（二）构建共性与个性和谐共生的团队管理制度

为了确保共性的发展，个性化将蓬勃发展。坚持以人为本的管理理念，采用多种方式，鼓励和引导教师紧密联系个人的发展与园区的发展，实现自我发展与园所发展相互促进。教师对管理制度的认同，反映了教师对幼儿园的理念、奋斗的目标、共同的价值文化的认同，在制度规范的意义上也应该尊重差异，理解和支持教师个性的发展。

为此，应多听取一线教师的声音，了解其各方面的需求，充分结合本园实际，兼顾各方面的利益，在实施常规管理的过程中，严格遵循"养成教育"的基本规律，把幼儿园制定的规范逐步内化为全体成员的个性品质，成为大家的自觉行为习惯。

梦想之船正式启航

——广外佛山君御幼儿园举行开园典礼

默默无闻的耕耘，只为金秋九月的收获。经过半年多紧锣密鼓的筹备，2015年9月6日上午9点，广外佛山君御幼儿园举行了隆重的开园典礼。园长、老师、吉祥物热情地接待来园的小朋友，幼儿园到处充满喜庆的气氛

"智湖湾畔，欢歌笑语，广外君御，彩旗飘飘。"在这个具有特殊意义的日子里，广外佛山君御幼儿园迎来了出席开园典礼活动的高明区教育局刘国贤副局长，荷城街道办教育局黎卓升局长，全国政协委员广东外语外贸大学原副校长顾也力先生，广外教育集团孙建军总经理、黄汐副总经理、品牌部长魏少娟老师、企业部长贺静老师，广外幼儿园曾晓杰副园长，百乐幼儿园陈聪园长，国信控股公司董事长梁赞文先生、总裁梁鸣先生、副总裁周瑞生女士、董事长助理陈子钊先生、总裁助理饶艳丽女士、广外佛山君御幼儿园董事长何颖莲女士、园长周宇女士，副园长徐菊梅女士。100多名家长孩子也共同见证了这历史性的一刻。

开园典礼上举行了幼儿园第一次升旗仪式，6名小朋友在两名老师的带领下，迎着朝阳、护着国旗。当国歌奏响，全场所有来宾起立行注目礼，鲜艳的五星红旗伴着国歌冉冉升起。广外教育集团孙建军总经理宣布广外佛山君御幼儿园于今天正式开园了！这一重要时刻将作为起点永远载入广外佛山君御幼儿园史册，同时昭示者幼儿园新的征程、新的希望、新的梦想……

在开园典礼上，周园长在热情洋溢的致辞中阐释了她对幼儿教育的深刻理解，以她极富亲和力的语言欢迎亲爱的小朋友们来到美丽的广外佛山君御幼儿园，她还给孩子们绘声绘色地介绍了幼儿园丰富多彩、妙趣横生的教学及游戏生活活动，在不同的节日里，老师会带领小朋友们体验我们的本土文化以及不同国家的民族文化。幼儿园实行营养配餐，品种丰富，味道鲜美，确保孩子们茁壮成长。周园长还语重心长地希望每一位小朋友每天要带三个好朋友来幼儿园：一个是"快乐"、一个是"礼貌"、一个是"懂事"，有了这三个好朋友，相信孩子们一定能成为一个快乐、受欢迎的小天使！

孩子们跟着熟悉的音乐欢乐地舞动，今天广外佛山君御幼儿园如同一艘美丽的航船在西江新城正式起航，它承载着希望，一路远航，有广外君御人这群梦想的守望者，一定能达到成功的彼岸！

我们心连心，成长在路上

在广外教育集团和国信集团公司领导的大力支持下，2016年8月29日，广外幼儿园和君御幼儿园全体教职工齐聚阳江，闻着海风，听着海浪，开展了"我们心连心，成长在路上"园际交流研讨活动，目的是总结过去，增进友谊，相互学习，共同提高，然后以更加饱满的热情和充沛的精力去迎接硕果累累的金秋九月。

研讨会开始前，主持人园长助理雷迪带领大家开展热身活动，阳光自信的老师们一个个露出灿烂的笑容，大家亲密无间，情同姐妹。

园长周宇对上学期幼儿园取得的成绩如数家珍，无论是办园条件、管理水平、师资建设，还是保教质量、幼儿发展都取得了显著成效。这些成绩的取得让我们更加充满理念自信，特色自信，品牌自信。周园长表示在新的学年里，领导班子将继续加强队伍建设，让广外幼儿园品牌更加熠熠生辉。

具有18年丰富教学经验的杨李云老师为大家分享了班级6S管理理论与实践。杨老师从6S管理基本涵义入手，深入浅出地剖析了班级6S管理的重要性及容易出现的误区，并结合实战为大家做了案例分析。

随后，广外幼儿园邓少芳主任为我们分享了安全事故防范及安全管理知识。老师们掌握了许多安全事故的处理和解决办法，明白了养成"六知道、三养成"的良好习惯的重要性，有利于更好地开展幼儿园工作，大家纷纷表示受益匪浅。

两所幼儿园还分别就保育、后勤、保教等工作进行了交流研讨，在研讨中碰撞新的火花。我们相信，经过今天的研讨，幼儿园的各项工作会更上一层楼！

狂风暴雨虽恐怖，这些镜头温暖了你我

2018年6月8日2时，受台风"艾云尼"（热带风暴级）环流影响，我区强降水持续，并伴有雷电和7级以上阵风，高明区气象台2018年6月8日2时40分将台风白色预警信号变更为台风蓝色预警信号，全区暴雨红色预警信号正在生效。接高明区教育局通知，从6月8日早上5∶00起，全区中小学校（含中职学校）、幼儿园和托儿所学生（幼儿）停课，停止一切室内外教学活动，直至预警信号解除。

上午6点，保安冒着大雨巡视幼儿园，发现因昨晚一场大雨的洗礼，幼儿园面临进水，后花园部分植物遭受破坏。接到保安信息后，老师们惦

记着幼儿园是否一切安好，担心影响周一的正常教学，不约而同，正当大雨时，她们克服了重重困难，及时赶到幼儿园，有的同事还从顺德赶过来，为幼儿园的清理奉献一分力量。

信息发布不到 10 分钟，谭燕琼老师赶到了幼儿园马上投入工作，随后梁健老师、杜友琼老师及时赶到，20 分钟后，老师们纷纷赶到，齐心协力展开行动。

这是一支具有高度凝聚力的团队，幼儿园因有你们而倍感幸福。你们团结一致，迎难而上，在风里雨里传递着君御人最暖心的责任感，你们不惧任何困难，以幼儿园的利益为先，幼儿园是你们第二个家，向热爱幼儿园的你们致敬！我们相信，因为有你，广外佛山君御幼儿园的孩子一定会幸福快乐度过每一天，因为有你，广外佛山君御幼儿园的明天一定会更加精彩更加辉煌。

保育护幼苗　巧手显匠心
——广外佛山君御幼儿园保育员技能大赛

保育工作是幼儿园展开一切工作的重要环节，同时保证着日常教育教学活动的顺利开展。保育员既要悉心地照顾幼儿的一日生活，协助班级教师开展好教学工作，还要做好班级及园内环境的卫生。为进一步提高保育员的业务素质，切实加强保育队伍的建设，落实幼儿园"保教结合，教养并重"工作，我园于 7 月 4 日举行了保育员技能大赛。比赛项目有：消毒液配比，擦桌子、椅子，叠被子，现场答辩。

桌面消毒时，老师们使用的擦拭毛巾颜色是不同的，而不同的毛巾又具有不同的功能，以使我们的消毒过程更加规范化。消毒液的配比上，老师们也都能够做到科学、量化。

叠被子看似简单，做好了非常不容易。首先要四角撑开，与床体平齐不外漏，还要上下厚度匀称，无错位无上翘，线条整齐，边成直线。参赛的老师们争分夺秒地铺着被褥，用她们娴熟的技能，叠出一床床整齐的被子。

日常卫生工作情况及如何与家长沟通的知识答辩环节加深了保育员老师们对自我工作的认知。比赛是一个交流的平台，不仅可以调动保育员老师们的积极性，也加深了老师们对专业化、标准化、规范化的服务认识，使得她们对"保教合一"的工作有了更深的思考。

平凡的工作中亦可以展现不平凡的风采。保育员老师是最能够观察孩子日常状态的角色，是帮助孩子们在园生活的"妈妈"，也是家长们的排忧师。感恩保育员老师们细致的付出，因为有你们，孩子们才得以在广外佛山君御幼儿园的大家庭里快乐学习生活，你们的每一个微笑、拥抱带给孩子们的都是无形且巨大的力量。

写在第34个教师节

尊敬的各位老师：

金秋时节，我们迎来了第34个教师节，在此，向各位工作在幼教一线的老师们致以节日问候，老师，您辛苦了！

陶行知先生曾说：学高为师，身正为范。那么，师者，何以为师？我想，师者，当以仁德之道为先，内外兼修；师者，当以术业专学为本，教学相长；师者，当以传道授业为重，源远流长。希望我们每一位老师都要继续坚定从教初心，做"有理想、有信念、有道德、有情操，有扎实知识，有仁爱之心"的好老师，传承中华优秀传统文化，成为一名有文化自信的中国之师。牢记为人师者的使命，明白"何以为师、师者何为"，薪火相传，再续辉煌。

过去的一年，携程和红黄蓝虐童事件相继出现，但是，我们君御人并没有在质疑声中迷失方向，而是拨开云雾，继续前行，用我们的实际行动维护了幼教的纯净与美好，用我们的爱心和责任赢得了家长的放心和社会的认可。作为一名幼教人，我们永远不要忘记，我们的肩上扛着民族的希望，心里装祖国的未来，手上捧着孩子们的明天。

亲爱的各位老师们，祝您教师节快乐，桃李满天下！

舌尖上的君御幼

——广外佛山君御幼儿园教师节庆祝晚会暨第三届君御美厨娘大赛

还记得那些年，每晚7:00准时相约CCTV9，目不转睛地盯着电视屏幕，忍不住咽了一波又一波的口水。一部《舌尖上的中国》坐实了你"吃货"的称谓。

今天，请各位吃货调转频道，搜索"舌尖上的君御幼"，同样让您大饱口福，温馨提示：请务必带上口水兜。

稍安勿躁，在品鉴美食之前，让我们隆重请出制作这些美食的厨娘们，他们就是：师德与能力并重，专业与美丽相融的君御之师。

广外佛山君御幼儿园，一直秉承"快乐工作，成就自我，收获幸福"的工作理念。那么幸福生活的篇章里一定有一页属于美食，为了让大家练好厨艺，更好地关爱家人，2018年9月10日晚上，我们举行了教师节表彰大会暨第三届君御美厨娘争霸赛。

本次活动我们有幸邀请到了国信控股总裁梁鸣先生、副总裁潘忠明先生以及广外佛山君御幼儿园董事长何颖莲女士担任本次美厨娘大赛的评委。

经过一番激烈的评选，今晚的奖项花落谁家呢？本次活动共分为：君御美厨娘奖、最佳表演奖以及最佳服饰三大奖项。最后获得美厨娘冠军的是小班级组黄佩芬老师。她亲手制作的高明特色美食"角仔"受到评委及各位同事的一致好评。

在这个温馨的教师节里，幼儿园还为每位同事准备了丰厚又温情的礼物——美丽的花束、甜蜜的月饼、温暖的羽绒被，相信大家一定会感受到这份暖暖的爱意！

活动接近尾声，周园长做总结讲话：感谢各位同事用心烹饪的美食，感谢各位家属的大力支持，希望大家都能快乐工作，快乐生活。同时，在这第34个教师节之际，当我们享有社会赋予我们的荣誉时，更不能忘记肩上的使命，用心浇灌每一颗幼苗，是我们不变的初衷。最后，祝大家教师节快乐，桃礼满天下！

幸福阅读之旅
——我们的读书好时光

腹有诗书气自华，比喻只要饱读诗书，气质才华自然横溢，高雅光彩。语出宋·苏轼《和董传留别》："粗缯大布裹生涯，腹有诗书气自华。"读书三境界：书到用时方恨少；书山有路勤为径；腹有诗书气自华。

广外佛山君御幼儿园第三届读书节在这个欣欣向荣的四月拉开了序幕。在爸爸妈妈和老师的带领下，小朋友们正自由自在地畅游在书籍的海洋里。在这里，还有一群可爱的女神，她们的每一天都在孩子们的欢笑中度过，她们用泛滥的爱心温暖了所有的时光。在这个幸福的阅读季，让我们一起走进这群女神的心灵世界。

张老师：带着我那随性的读书笔记，赴这场幸福的阅读之约，眼前是茶香四溢笑声起，身后是湖水涟漪杨柳青。让我们一起来听听那些关于读书的故事。

李老师：生活的烦琐让我少了许多读书的时间，大部分的时间是在陪伴孩子读书。孩子总是喜欢捧着一本书，兴致勃勃地跟我说个不停，我也不厌其烦地时而聆听，时而发问，时而思考。慢慢地，我发现原来陪伴孩子读书也会有所收获，一页页儿童图书的插画不知不觉将我带回那远去的童年，那些曾经在孩童时期的奇思妙想又一次次活灵活现地出现在了孩子手里的那本图画书里，这是一种非常奇妙的感觉，是一种无法言表的幸福感。

江老师：经家长介绍，看了《小王子》这本书。看完第一次，居然稀里糊涂没看明白，直到看完第二遍，才稍有感悟。这是一本关于成长的书，在人生的旅途中，无论是遇到好人还是一些为难过你的人，那都是一种经历，必将化成一种经验伴随我们一路前行。听说这本书，每看一次都将会有不同的感受，真是一本奇特的书。

梁老师：有时，一本书可以治愈我们久久不能愈合的伤口。《遇见最好的自己》就是一本这样的书。曾经，在人生的十字路口无比迷茫，正是遇见一本好书才遇见了更好的自己，才有了继续前行的勇气。

身体和灵魂总有一个在路上。若有诗书藏心中，岁月从不败美人，愿你在书籍的浩瀚天空里，找到自由，觅得真我，愿你在阅读的旅途中，不慌不忙，看山还是山，见水亦是水，被时光温柔以待，于你，于我。

我们都是广外人

——记广外教育集团新教师培训

为了促进新入职教师能更快地适应新环境，学习先进的教育理念和教育方法，我园组织 17 位新教师和保育员参加了广外教育集团组织的教师培训。

8 月 21 日，老师们远赴广东外语外贸大学参加为期三天的培训。在这里，我们体会到广外人浓郁的人文精神；我们了解了广外基础教育的办学宗旨：坚持全人教育，对学生的终身发展负责，培养走向世界的现代人。先做人，后成长是广外特色；我们学习到了最新、最科学的幼教理论。

此次新教师培训共分三个部分。第一部分将为新教师介绍广外基础教育的发展历程、价值追求，并对其进行师德师风教育；第二部分围绕课程建设和高效课堂，对新教师们进行业务提升培训；第三部分将分学科进行研讨，重点聚焦教学研究和教师发展。

21 日下午的开班仪式上，教育集团总经理何勇斌做了以《广外基础教育的使命与发展》为题的报告。他详细介绍了广外基础教育的发展轨迹、发展战略以及帮助教师个人的发展的一系列举措。他希望新教师们能快速进入新角色并激情投入，在广外基础教育大家庭中彼此成就。为增强新教师的归属感和使命感，开班仪式上还安排了奏唱校歌、佩戴校徽和入职宣誓等环节。

接着是冯益谦教授向我们做了题为《新时代广外精神和核心价值》的演讲。他阐述了作为一个广外教师，应该努力践行广外核心价值观——卓越、诚信、包容、自信。同时要守住三条底线，即做人的底线、做事的底线、交友的底线。言语之间，表达了对青年教育的谆谆教导和殷切希望。

晚上，是三位广外名师的"立德树人与广外教育追求"讲座。

广外外校高中部师德标兵潘婉媚老师分享《师者，爱为魂》主题，她提到教师要做到不轻视，不低估，相信每个孩子都是一只潜力股，不放弃任何一个学生。

许广平老师分享《做一个幸福教师——感悟》主题，他强调做一个幸福的老师，要有阳光的心态，宽广的胸怀；善待所有的学生，做开启孩子心灵的导师。

范秀红老师开展了以《大手牵小手经典伴成长》为主题的讲座。以爱为根，用三个生动的事例展现了她对孩子们润物细无声的关爱，用责任感和使命感诠释了教育的真谛。

22 日上午由广东第二师范学院吴开华老师主讲的《教师工作的法律风险防范》，通过对法律条文的剖析和经典案例的讲解，让老师们了解到教师职业的职责，并对如何依法保护学生和如何依法管理学生有了进一步的认识。

22 日下午佛山科学技术学院钟媚博士为我们学前教学组带来《师幼关系互动》的专题讲座。钟媚博士通过视频展示，对"Class 班级评估评分系统"进行了细致而专业的指导与分析。

晚上广外幼儿园、佛山君御幼儿园总园长周宇跟我们分享的《新学前教育背景下的幼儿园理念和实践》，让我们清晰知道幼儿园的课程主线和脉络，让还未入职的新教师形成了课程的思维导图，为以后的教学做好指导，更快的运用园本课程。

广外幼儿园执行园长曾晓杰分享了《多元文化体验活动》，跟我们阐述了体验活动的类型和实施方法等，让我们坚信要坚持体验式教学形式，让孩子们学中玩，玩中学。

8 月 23 日上午，来自广东省教育研究院的黄志红教授为全体新教师做了最后一场讲座，主讲《中小学教师的教学研究与专业发展》。黄志红教授还解读了国家提出的四大关键能力：认知能力、合作能力、创新能力、职业能力。

通过本次培训，老师们不仅学习了专业知识，也加强了师德师风的学习。幼儿教师需要有责任心和耐心。责任是对所有孩子负责，爱所有孩子，公平对待所有孩子。耐心是要学会等待，不轻视、不低估每个孩子的能力，我们永远不知道一个孩子的未来是怎样的，守望成长，静待花开！希望老师们在广外实现人生价值和专业成长，更好地服务祖国的花朵！

君御人的幼教梦，以爱为基石

美丽的君御幼儿园，阳光明媚，课室明亮，孩子们的笑声时时环绕在幼儿园的每个角落。每天清晨，孩子们快乐的像只小鸟一样在师幼的问好声中走进幼儿园，一张张稚嫩的面孔，一双双天真无邪的眼睛向我们传递世间之美好。我们看到的是一切安好，日子幸福。

老师们，还记得吗？我们每一个走进君御幼儿园的人都会有这样的理念：

我们从来不认为

取得教师资格证就可以做一名教师

你有足够的爱心

来担任一名幼儿老师了吗？

做好充分的思想准备了吗？

是的，原来，足够的爱心才是我们扣响幼教大门的敲门砖。

老师们，还记得吗，走进君御幼的日子里，我们都在进行各类师德教育。我们的爱心在不断升温和蔓延。

因为有爱，我教你自己吃饭

因为有爱，我教你自己穿戴衣物

因为有爱，我教你自己收拾物品

因为有爱，我在你还不会的时候帮助你

因为有爱，我引导你要爱身边的人

因为有爱，我让你自由地翱翔

因为有爱，我让你愉快地嬉戏

因为有爱，给予最温情的陪伴

因为有爱，我的眼睛里永远有你

我们深知，课室里坐的每一个孩子都是家长的全世界，我们身在教师岗位郑重承诺：用满满的爱心去呵护每一颗幼苗的健康成长，用真诚的责任心去服务每一个家庭！

君御人信念不变，梦想不变，拨开灰霾，继续前行，用爱浇灌每一颗幼苗。因为，君御人的幼教梦，以爱为基石，所以更高，更远。在家里，您是孩子的妈妈；在幼儿园，我们也是孩子的妈妈，原则性的错误我园始终秉承零容忍的态度，在此我们真诚地想说一句，请相信，绝大多数的老师是基于对孩子的爱才选择这个行业，才坚守在这个岗位上。因为爱，我们选择了幼教；因为爱，我们选择了君御；因为信任，你们选择了我们。

最后，也感谢君御幼家长朋友的信任与支持，在这样的舆论环境下，没有家长来质疑过我们的老师，很多家长甚至发短信、朋友圈、当面交流等，以各种方式表达对园长、老师的肯定、支持与鼓励。君御幼要对所有的家长们道一声：感谢！

为了营造更温馨、友爱的大家庭环境，广外佛山君御幼儿园展开以下管理举措：

（1）建立健全和进一步完善培训机制、防范机制、沟通机制，完善管理团队建设，确保管理服务品质；

（2）加强教师心理健康教育，并形成常规化，对新入职教师进行多重测试，教师入职需通过面试—笔试—培训—中期考核—试用期等严谨的考核，并不定期对君御幼全体教师进行心理健康培训和心理疏导；

（3）君御幼行政团队开展专项检查，对教师行为规范以及管理制度落实情况进行检查；

（4）发挥家委会、伙委会成员的能动性，搭建家园公育的沟通桥梁；

（5）成立重大事件应急预案小组，加强对重大突发事件的预测、跟踪和预警工作；

（6）设立相关奖项，表彰那些真心爱孩子、对孩子呵护备至的教师及保育员老师，鼓励并爱护每一个充满爱心的老师。

（7）幼儿园是老师们温暖的臂弯，用爱温暖老师，给予老师们无限的关怀。老师心中有爱，也会用爱感染孩子。

无论何时，君御幼都会将安全工作放在第一位，每周我园都进行安全、卫生检查，摄像头也全面覆盖到园所的每一个角落。君御幼对安全目标的检查是远远超过政府提出的监管要求的。例如，多项安全检查涉及生活区、器械区、游戏区、地面、厕所、功能室、厨房、医务室、大厅、活动区角和接待室——任何孩子接受教育和服务的地方，而不仅仅是教室——每天行政人员都会巡查园所，给孩子一个最温馨的幼儿园。安全亦成为君御人每天设在心里的警钟，全体君御人以此作为对自己更高级别的要求标准。

安全不是等问题发生了去快速修复，而是要通过长期分析促进安全质量持续改进。

教育是良心事业，怀揣着家长朋友们的信任，广外佛山君御幼儿园在此郑重承诺：君御人立志做一名光荣的人民教师，我的肩上扛着民族的希望，我的心中装着祖国的未来，我的手中捧着孩子们的明天。依法执教，爱岗敬业，严谨治学，廉洁从教，为人师表，遵守社会公德，举止文明礼貌；严于律己，作风正派，以身作则，言传身教。

心怀梦想　志在远方

——广外佛山君御幼儿园年级组长竞选活动

为进一步完善幼儿园管理，努力构建公平、竞争、择优的选拔任用机制，建设一支高素质的教师队伍，为幼儿园管理进一步走上科学、高效的轨道打下坚实的基础。7月16日，广外佛山君御幼儿园举行了年级组长竞选活动。

胡园园老师，演讲热情洋溢，她对工作充满热情，是一个责任感强、踏实肯干的老师。她的目标是"敢于挑战，超越自我"。

梁健老师讲述了自己平日里积极的工作态度，不辞辛劳，不畏艰难，积极地开展班级工作，是一位富有责任心的老师。

陆佩文老师的演讲非常精彩，在演讲中对工作的规划赢得评委们的一致好评，她在园工作时间较长，有着丰富的教学经验。

演讲活动虽然结束了，但老师们激动人心的演讲仍然在耳边回响，周宇园长对她们精彩的演讲给予了高度肯定："很欣喜看到每位老师的成长，这是她们努力的成果，感谢每一位老师的付出。"心怀梦想，志在远方，祝福广外佛山君御幼儿园各年级组在组长的带领下，努力拼搏，取得更好的成绩，成就更好的未来！

只争朝夕，不负韶华

站在年末，我们回望过去有太多的感动和故事；站在岁首，我们展望未来，有更多的期望和梦想。2019年我们奋力前行，付出着、收获着、幸福着。为了回顾与反思 2019 年的工作，增进教职工之间的经验与交流，同时为 2020 年的工作做好展望与规划，我园于 2020 年 1 月 17 日，开展了以"只争朝夕，不负韶华"为主题的年终总结会议。

园务工作总结：

周宇园长进行了 2019—2020 学年度第一学期园务工作总结并宣布了下学期的工作计划。在董事会的正确领导和大力支持下，在全体员工的共同努力下，我园取得了可喜的成绩。周园长从师资团队、后勤工作、保育教育、活动开展、招生宣传等方面进行了总结，为新的一年更好的开展工作奠定了基础。

园长基金：

回首一年的工作，有成长、有收获，2019 我们收获太多感动，也有太多的付出。全体教职工爱岗敬业，圆满完成各项工作目标，并在工作中涌现出一批优秀的工作者，他们兢兢业业，任劳任怨——让我们一起聆听 2019 君御故事。

集体生日会：

在总结大会上，幼儿园还特意为大家准备了一份精美的生日礼物，送上深深的祝福！

我园始终用实际行动去做有温度的教育，努力践行爱与责任。最后，主持人给大家留下了一个寒假作业：写下最想对妈妈说的话，用这份生日礼物，给我们最亲爱的妈妈炖上一碗汤。

一路走来，我们团结协作，互相关爱，有汗、有累，更有成长，我们这个大家庭的心早已紧紧连在一起。2019 年已经向我们挥手告别，我们正在 2020 年的道路上并肩奔跑。相信在全体教职工的共同努力之下，新一年的广外佛山君御幼儿园定会谱写出新的篇章，让我们只争朝夕加油干，不负韶华再出发！

第五章　课程体系　内涵兴园

　　我们以体验式教学为核心，以国际文化课程为特色，注重情商教育，全面双语教学。本章节，我们主要介绍幼儿园的课程设置和教学形式。

　　首先我们要明白课程与办园理念之间的关系，课程是践行理念的实施途径，是行走的理念，想要落实办园理念，就要有践行理念的载体，而课程就是这个载体。所以，我们在设置课程的时候紧紧围绕办园理念来搭建课程架构。我们的办园理念是：一切为了孩子，坚持全人教育，培养走向世界的现代人。那么，我们的课程如何体现为了孩子，如何体现全人教育，如何体现走向世界，这些便是我们在进行课程构建时思考的问题。弄明白这些后，课程架构清晰明了。基础课程促进孩子五大领域全面发展；情商教育培养孩子良好健全人格；国际文化体验课程引领孩子体验各国文化，培养幼儿包容、尊重以及博大的胸怀，树立正确的世界观；特色课程和延伸课程培养幼儿实操能力，拓展幼儿社会经验。这些课程正是在培养懂礼貌、守规则、受欢迎的具有中国情怀、国际视野的世界小公民，这与我们的培养目标也是高度契合的。

　　我园的课程分布图如下：

基础课程		
序号	项目	内容
1	五大领域	语言、艺术、社会、健康、科学五大领域体验课程
2	生育教育	各类演习演练和安全教育课
3	情商教育	十三大节日活动，分别从民族情怀、感恩他人、热爱世界三方面培养幼儿高情商

国际文化体验课程		
序号	项目	内容
1	人文风情	社会领域
2	文明礼仪	语言领域

序号	项目	内容
3	美食艺术	艺术、健康、科学领域

特色课程		
序号	项目	内容
1	宝贝小厨房	
2	木工	实操能力
3	陶艺	
4	远足	

延伸课程		
序号	项目	内容
1	语言艺术	
2	围棋	拓展体验
3	阳光足球	

有了健全的课程体系，那么应该怎样来学习呢？学习是指从阅读、听讲、研究、实践中获得知识或技能的过程，这一过程只有通过亲身体验才能最终有效地完成。体验式学习像生活中其他任何一种体验一样，是内在的，是个人在形体、情绪、知识上参与的所得，是一种主动学习，是有别于灌输式的外在学习的。通过实践来认识周围事物，或者说，使学习者完完全全地参与学习过程，使学习者真正成为课堂的主角。教师的作用不再是一味地单方面地传授知识，更重要的是利用那些可视、可听、可感的教学媒体努力为学生做好体验开始前的准备工作，让学习者产生一种渴望学习的冲动，自愿地全身心地投入学习过程。

例如主题课程《认识秋天》，我们不需要准备任何图片，不需要任何多媒体辅助教学，而是把孩子带进大自然中去真实感受，秋天到底是什么样子的，而这一过程会大大激发孩子的探索欲望，同时也会打破以往的很多惯性认知。例如，孩子们经过主动探索发现，广东的秋天并不像传统认知里的树叶飘落，植物枯黄，而是依然生机勃勃，绿意盎然。带着这样的问题，老师继续带领孩子探索春天，后来孩子们发现，原来广东的春天才是落叶的季节。孩子通过主动探索获得知识，这个过程能很好地培养孩子的学习能力，这样获得的知识会给孩子留下深刻的印象。

对于每个人来说，学习应该是一辈子的事情，并非完成学校学习就算画上句号，而是在人生的每个阶段都保持学习能力，所以，体验式学习正好可以培养孩子主动学习、坚持学习的良好习惯，对于孩子的一生都是有良好影响的。

第一节　基础课程

【教学研讨】

教研活动创新意　英伦玫瑰在君御

我园不仅让孩子们在体验中学习国际文化课程，连老师们的教研活动也采用体验式的方式进行。俗话说，孩子一杯水，老师应该要有一桶水，为了能使国际文化体验课程更加深入地开展，让老师们在活动中开阔眼界，拓展国际文化知识，更好地为课程服务，我园举办了一场别开生面的教研活动。2016 年 4 月 9 日，我园全体教师在周园长的带领下盛装出席英式下午茶会，品味雅致"慢文化"。

提起下午茶，你一定想到了细白的餐巾、精巧的点心，茶与咖啡的香气氤氲，还有著名的下午茶故乡——英国。中国的茶文化历史悠久，西方国家中，则以英国人爱茶更为狂热，而英式的下午茶必有精美的甜品相配，在品味的过程中让人心情愉悦、放松，"享受"应该是最贴切不过的比喻了。你们看！老师们穿着典雅的服装，全身散发着优雅的气息！听说，这与英式下午茶更配哦！

在这个轻松愉悦的下午，我们的茶话会开始了，老师们分享了许多英式下午茶的礼仪及知识。园园老师告诉我们英式下午茶起源于伯爵夫人，起初伯爵夫人邀请好友一起品茶和糕点，后来慢慢演变成了名媛之间的聚会，慢慢地在英国带起了一股下午茶风潮。有老师跟我们介绍享用英式下午茶的三部曲，先是品尝三明治之类的食物，随后品尝甜点，最后是品茶的环节，老师们也纷纷按三部曲的顺序品味美味的茶点。蔡老师还把中国的茶文化与英式下午茶进行对比，中国人喝茶讲究茶禅一味，而英式下午茶更看重

"enjoy"，英式下午茶本身就是一种优雅的生活方式，更是一门综合的艺术，从嗅觉、味觉、视觉、听觉，全方位地给人以轻松、惬意的享受。

各款茶点小巧玲珑，风味各异，宛如一件件精雕细琢的艺术品，让人流连在欣赏精品的雅趣中而舍不得品尝。

布朗尼、英式松饼、热情果蛋糕、三明治、司康饼、伯爵茶……如此多的花式品种摆在老师们的面前，刺激着味蕾的同时更让人感受到英国下午茶文化的雅致。

最后，我们还评选出了最佳着装奖、最佳礼仪奖、最佳仪态奖、最佳淑女奖及最佳文艺奖等奖项。老师们体验英式下午茶，在愉悦的氛围中真切地感受英式优雅，好气质也是这样渐渐培养出来。相信，经过这一次美妙的享受，老师们一定对英国的下午茶文化有了更深入的体会，以后能更好地带领孩子们进行国际文化体验！

越研悦乐
——记广外佛山君御幼儿园教学研讨活动

教育不能创造什么，但它能启发儿童创造力以从事于创造工作。

—— 陶行知

面对我们热爱的事业，热爱的儿童，潜心教研，用心育人，踏上教育的这条道路，这一生，必须奋斗这一场。

——君御之师

幼儿园教研活动是通过解决教师在教学实践中遇到的真实问题，以提升教育教学质量，促进幼儿园、教师和幼儿三者共同发展的教学研究活动。理论研究和实践表明，教研活动是幼儿教师专业成长的重要的平台，是促进幼儿教师专业成长的重要途径，是每个幼儿园最大限度地落实《幼儿园教育指导纲要》的有力保障。

为了提高我园教师教育教学能力，让教师在探讨中有效反思，不断革新，优化教学活动，促进教师专业成长，我们开展了为期两周的教研活动。

在众多的课例中我们看到了：趣味性极强的体育活动《好玩的报纸》；幼小衔接特色课例语言活动《颠倒歌》；感受与创造相结合的艺术活动《陶艺花瓶》；涉及幼儿性教育的科学活动《小威向前冲》；与大自然亲密接触的科学课程《泥土的秘密》；趣味性与艺术性相结合的奥尔夫音乐《魔法汤》。在这次教研活动中，老师们积极参与，用心准备，评课的过程中，大家踊跃发言，勤于思考，整个评析现场气氛热烈，不断的进行思想碰撞，擦出了许多智慧的火花。现在让我们一起来回顾课例中那些智慧闪光点吧。

大班体育活动《好玩的报纸》向我们展示了小报纸大趣味的教学意义。孩子们在玩报纸的过程中锻炼跑、跳、平衡等技能，并且在分组游戏中去培养幼儿的合作意识和团队精神。

幼小衔接特色课例语言活动《颠倒歌》，幼儿在经过充分观察和讨论后，用自己的语言表述画面内容，并在语言游戏中将简单的文字和图片相对应，让幼儿在轻松的玩乐中提升语言表达能力，较好地避免了生硬的教读，极大地保护了幼儿的兴趣和热情。

艺术活动《陶泥花瓶》活动中，教师精心布置了一场花瓶展览会，让幼儿带着问题去观赏，并鼓励幼儿用语言表达自己的感受，再提供丰富的材料供幼儿创作，并鼓励幼儿大胆想象，达到造型各异，真正体现了《指南》中艺术领域感受与欣赏、表现与创造的核心理念。

绘本阅读《小威向前冲》，以诙谐幽默的画风引导幼儿认识生命的起源，知道自己是怎样来到这个世界的，以故事的形式巧妙渗透性教育。

奥尔夫音乐《魔法汤》引导幼儿通过游戏欣赏音乐的风格，了解音乐的结构，极好地帮助幼儿自主构建知识。科学活动《泥土的秘密》，老师带领幼儿走进大自然，探索关于泥土的知识，通过捏一捏，看一看，闻一闻等方式，亲自体验泥土的秘密，让孩子们在大自然中以自然的方式学习。科学活动《盐到哪里去了》，让孩子与丰富的材料互动，通过尝试、实验等方式探索溶解的秘密。

教研活动中，我们始终坚持实事求是，研讨提升的原则，客观剖析每个课例的设计以及每位教师的教育教学能力素质，对于出现的问题直言不讳，让每位教师得到提升并积累经验。

教研活动重教更重研，课例是载体，以研讨为方式，最终达到提升教师教育教学能力和教育理念的效果。教师在研讨中积极思考，不断反思，从而受到启发，举一反三，能够将先进的教育理念运用到日常教学以及一日生活的各个环节，逐步培养幼儿自主探索学习的良好习惯。

通过本次教研活动，我们可以明显感受到，体验式教学理念深入每位教师的心中，并能深入运用到日常教学中，孩子们也在体验式的教学模式下，玩中学，学中玩，积极探索，自主建构。

资源共享共成长　交流研讨促提升

为了给幼儿教师创造一个互动交流、探究课程的教学平台,加强园际间的交流合作、彼此激励、共同提高,2017年4月10日、11日、13日广外佛山君御幼儿园与亲亲幼儿园、碧桂园幼儿园进行了结对子送课交流活动。

国际文化体验活动是我园的特色活动,我园胡园园老师的《中国茶文化——功夫茶》活动和陆翠婷老师的《走进非洲——非洲鼓》活动获得了同行姐妹们的一致好评。

活动一:中国茶文化——功夫茶

授课教师:广外佛山君御幼儿园 胡园园

授课地点:高明碧桂园幼儿园

茶文化是我园"国际文化体验"活动里中国传统文化的组成部分,将中国茶文化渗透到教学活动中,让幼儿对茶文化拥有基本的认知和理解,并在茶文化的熏陶下树立起继承与发展茶文化的意识,让中国茶文化一代代传承下去,也有利于推动幼儿审美能力的提升。为我园"培养具有中国情怀、国际视野的世界小公民"打下了基础。老师独具匠心的教学设计、丰富的教学经验为幼儿创设了自主的学习环境。

活动二:走进非洲——非洲鼓

授课教师:广外佛山君御幼儿园 陆翠婷

授课地点:高明亲亲幼儿园

鼓是非洲广泛风行的乐器,又被称为非洲传统音乐之魂。非洲鼓是我园"国际文化体验"活动里非洲文化的组成部分,孩子在游戏中潜移默化地感受到了节奏和旋律,通过双手技巧配合,进行从简单到复杂的肢体同向、斜向、错位,协调性、速度等让幼儿潜移默化地爱上了非洲鼓文化,从而在活动中培养了孩子自信、活泼开朗的良好个性,为艺术教学增添了新的色彩。授课教师能抓住重点进行教学,教态自然,引导语风趣幽默,真正体现了以游戏为主宰的艺术教育理念,听课教师纷纷鼓掌赞叹。

"学无止境,研无此时",通过此次交流互访活动,三所幼儿园各展风采,为教师们搭建了一个相互学习交流的平台,是姐妹园学习共进的有效方式,从中借鉴新的教学理念,发现自身不足,进而促使幼儿教育朝着更好、更高、更远的目标迈进。

【情商教育】

成长·感恩·梦想

—— 栀子花开又一年　成长名义的告别

七月明媚阳光，

拾掇回忆过往。

童年羽衣霓裳，

装扮幸福模样。

采撷三年硕果，

点亮笑靥如花，

霓彩舞服飞扬。

今天，我们就要毕业了……

2018 年 7 月 6 日晚上，广外佛山君御幼儿园"成长·感恩·梦想"2018届大班毕业典礼在广外佛山外校阶梯室盛大开启。这是一场震撼心灵、展现魅力的盛宴。它展现着老师、家长和孩子们的风采，记录了我们最后在一起的美好时光。

毕业典礼以"成长·感恩·梦想"为主题，气氛隆重而热烈，在庄严的音乐声中，孩子们身着毕业礼服走上舞台，向园长妈妈行礼，双手从园长妈妈手中接过人生中的第一份毕业证书。

晚会由三个篇章组成。

第一篇章——成长篇。孩子们朗诵了感人的"毕业诗"，表达了对幼儿园的不舍，对老师辛勤培育的感谢！在一个个温情的视频镜头里，大家看到了孩子们在幼儿园三年的生活和学习，看到了老师们的奉献与辛劳。

第二篇章——感恩篇。在主持人深情的引导下，孩子们向父母鞠躬行礼，一鞠躬感谢父母养育之恩，再鞠躬感谢父母教育之恩，并和老师、同伴拥抱告别。家长代表的诚挚发言，将晚会推向高潮。从云妈妈深情的讲述了孩子们和园长妈妈、老师们的深情厚意，讲述了家长们对幼儿园的感谢，并播放了用心制作的莫斯科之家毕业沙画视频，引发全场泪崩。

第三篇章——梦想篇。中小班的弟弟妹妹给毕业班的哥哥姐姐送来自己亲手制作的礼物和祝福，家长们给幼儿园和班级送来精美的礼物，晚会在永恒的《毕业歌》歌声中结束，家长们久久不愿离去，感恩的话还未诉完，感恩的情还未表完。最后，大家合影留念。

为了共度这个有意义的难忘之夜，老师组织毕业班的孩子在幼儿园操场搭起帐篷进行亲子露营活动。寻宝、露营、睡衣吧，孩子们兴奋得睡不着，家长开心得喝多了！大家回顾这三年来与幼儿园共同走过的教育之路，收获的不仅仅是一个"懂礼貌、守规则、受欢迎"的孩子，还有这份珍贵的家园情谊。夜未央，人未散，我们不说再见，毕业是孩子们一个新的起点，愿他们在未来广阔的天空里展翅翱翔。

今天是幸福的，今天是美好的，今天承载着美好记忆，我们将踏上辉煌灿烂的人生之路。今天我们就要依依惜别，亲爱的孩子们，长大了的你们，将面临一个崭新的开端。

少年中国说　浓浓爱国情
——北京天安门原国旗护卫队走进君御幼儿园

2019 年 10 月 1 日，我们将迎来祖国妈妈 70 华诞，在这个普天同庆的日子里，君御幼儿园以多种活动形式激发幼儿对祖国的热爱之情。在此，我们特邀北京天安门原国旗护卫队护旗手吴芳舜同志带领的升国旗团队到我园进行升国旗仪式及国旗知识讲解。

本次活动由雷迪副园长主持，雷副园长向我们介绍今天的国旗护卫队成员：他们是来自天安门原国旗护卫队队员，全园师生以热烈的掌声欢迎他们的到来。

英姿飒爽的国旗护卫队战士，他们迈着矫健的步伐走来，随着"立正"声响起，护卫队在旗杆旁停了下来。

庄严的国歌响起，鲜艳的五星红旗映衬着朝阳在君御幼儿园操场冉冉升起，我们不禁心潮澎湃、热血沸腾。当国旗冉冉升起，全园师生齐刷刷地敬礼，注视着缓缓上升的国旗。今天天气异常炎热，孩子们早已汗流浃背，但孩子们全程笔直庄严地站立着。

北京天安门原国旗护卫队护旗手吴芳舜教官为孩子们进行国旗知识宣讲，讲述了国旗的来历与国旗的含义，孩子们聚精会神地听着。

本次活动让我们接受了一次爱国的洗礼，我们相信，那一抹鲜红将在孩子们的心中永不褪色，国旗的种子将在孩子们的心中深深扎根。感谢教官们为孩子带来了这么一场激动人心的爱国主义教育，观礼的家长久久不愿离去，回味着国旗升起那一刻，心潮澎湃。老师们聚在一起议论着自己内心的激动，热泪盈眶。孩子们坚持用最庄严的姿态行注目礼，无限景仰。

公益献爱心，真情暖人心

——广外佛山君御幼儿园 2017 春季开学典礼迎春庙会

　　爱是一盏灯，黑暗中照亮前行的远方；爱是一首诗，冰冷中温暖渴求的心房。2 月 13 日上午，广外佛山君御幼儿园沐浴着春天的朝阳，举办了以"公益献爱心，真情暖人心"为主题的开学典礼迎春庙会。君御幼儿园将幼儿情商教育融入日常教学，通过活动，孩子们体会到了帮助他人的快乐，学会关心他人，在幼小的心灵里播下爱的种子，在今后的成长过程中，更懂得如何关爱他人并树立社会责任感。

　　迎春庙会围绕"公益献爱心，真情暖人心"的主题展开，通过"跳蚤义卖市场"和"爱心手工义捐"两种形式，家长和小朋友捐出自己买卖所获得的款项和物品。

　　迎春庙会开始，家长们热火朝天地布置中！多热闹的庙会场面啊！小朋友把自己家里心爱的玩具、图书、学习用品等拿过来义卖。为了筹得更多善款，家长们是多么的热心、积极！大班的哥哥姐姐能力可强了！在老师的带领下做起了小老板，还有模有样的！看！我们的园长妈妈不仅人美，心更美！热情投入到我们的义卖活动中！家长、老师和小朋友积极做手工，将手工的材料费用捐出去了。

　　活动最后，小朋友大方地将自己和家人义卖所得的钱捐到"爱心捐款箱"，连新来的小小班的小朋友也不甘示弱！幼儿园全体教职工当然也要献出我们的爱心。

　　下午，园领导、老师、家长和孩子在高明电视台"落力帮"栏目组的牵线下，来到了高明人民医院住院部的明叔床边。明叔一家家境贫困，儿子之前一场车祸腿部留有后遗症，年仅 19 岁，加上年前明叔做了一场手术，对这个贫困如洗的家庭更是雪上加霜。这一次，广外君御幼儿园在全体员工、家长和孩子的齐心努力下一共筹得善款 5083.5 元，对于明叔一家来说是雪中送炭，送去善款的同时我们也送上祝福：祝愿明叔早日康复！

　　让幼儿和家长共同参与活动中，不仅培养了孩子的沟通、交往、分享等良好的品德行为，还培养了孩子的理财意识、语言能力、计算能力、社交能力等，同时让家长和孩子切身体会中国传统佳节独有的情趣和魅力。

　　相信孩子们在这么有意义的活动中获得的成长经历不是用金钱所能比拟的！活动育人，我园一直以体验式的教学方式实施多元化文化教育，让孩子在体验过程中提高情商能力和完善自身的道德修养，体现我园的培养目标。同时，父母陪伴孩子共同参与公益活动，不但可以更好地增长孩子的社会经验，还可以增进父母与孩子之间的亲密沟通，家长们在活动中同样受益匪浅。

九九重阳温情暖

又是一年金秋美，又是一年重阳到。重阳节，一个登高望远、敬老爱老的日子。在这个特殊的日子里，君御幼儿园开展了"九九重阳温情暖"的爱老主题活动，让孩子们在这个尊老、敬老、爱老的重阳节活动中感受爱并能表达爱。

爱老、敬老是中华民族的优良传统，我们通过节日教学活动，让孩子们了解重阳节的意义，并在家里为老人做一些力所能及的事情，平时都是长辈照顾我们，我们也要时刻懂得感恩，懂得表达对长辈的爱。

孩子们在老师的带领下做了精美的礼物送给长辈，回家后为长辈捶捶背，捏捏肩膀，为长辈送上一杯热茶，说一句您辛苦了！"

重阳节当天，孩子们在老师的带领下来到小区，举行君御幼儿园重阳节敬老活动，为小区的老人做力所能及的事情。

大班的哥哥姐姐用他们灵巧的小手，做出一份份精美的礼物送给小区的老人家，这份小小的礼物承载着孩子对老人满满的爱意。

中班宝贝也给老人们带来了舞蹈《如果感到幸福你就拍拍手》《小宝贝》，优美的舞姿让老人们脸上的笑容分外灿烂。

"为老人们捶背、捏肩、拥抱"环节，把敬老活动推向了高潮！孩子们与老人们亲密拥抱，给老人们捶背、捏肩，活动场内充满了欢声笑语，幸福的甜蜜荡漾在每个人的心头。老人们看着这群可爱的宝贝，感到无比的开心，老人们表示：今天的活动让他们感到很幸福，感谢幼儿园老师们对孩子们的教育和培养。

此次活动，不仅给老人送去了精神上的慰藉，更是对"老吾老，以及人之老"最好的实践教育，让平日里被宠爱惯了的孩子学会感恩，学会从小事做起尊敬老人关心老人，更多的老人则表示："这是我过得最开心的重阳节！"相信这次活动不仅在老人们的心中留下了深刻且美好的回忆，在孩子们内心深处一定会埋下一颗懂得珍惜、理解关爱、学会感恩的种子。

【生命教育】

广外佛山君御幼儿园防地震安全演练

一次次的地震演习

有人会说徒劳

他肯定不知道

防患于未然

这些演习

可能会成为一次预言

——沈敏

近几年来，四川九寨沟发生的 7 级地震，新疆精河县发生 6.6 级地震，牵连着国人的心。在为灾区人民祈福的同时，我们未雨绸缪，积极进行着突发事件的演练活动。

为了让老师和孩子们掌握基本的防震避震知识和技能，增强老师的应急疏散能力和孩子们的自我保护能力，2017 年 4 月 20 日上午 9:40 分，我园全体师生开展了一次"地震安全演练"活动。在演练前，各班先开展了各种形式的地震知识及避险教育，让幼儿知道地震的危害和可怕，如何应急避震和安全疏散，时刻保护自己。

一阵紧促的警报声响起，正在组织幼儿活动的老师们，立刻对孩子们说："地震了，不要怕！"并指挥幼儿紧急避险，有的孩子迅速抱头躲在课桌底下、墙角落，有的孩子蜷曲着身体双手抱头迅速撤离班级，在老师的带领下，有序地撤退到空旷区域，整个演习过程快速、安全、有序，既紧张激烈，又有条不紊。

最后，园长妈妈对防地震演练活动进行总结，园长助理对全体演练工作人员、孩子在演练过程中表现出来的从容淡定、勇敢顽强给予了高度赞扬。

演练中教师恪尽职守，镇定自若，孩子们临危不惧，整个过程紧张而有序。通过本次演练使大家了解了地震、疏散等应急避险疏散知识，提高了全园老师在地震发生时的应变能力，也让孩子们知道地震来临时最有效的逃生方法。防地震的演习虽然结束啦，但仍需要我们的老师和家长在平时的教学和生活中，多多重复这些知识点，让孩子在潜移默化中学会并掌握自护自救的方法。

广外佛山君御幼儿园防爆演练

为进一步加强教职工面对突发恐怖事件的防范意识，提高教职工面对恐怖事件的合理处理、自护自救及保护幼儿有效逃生避险的能力，培养师生在遇到突发事件时的应急应变能力，2017年5月7日上午10:15—11:00我园针对全园师生开展了反恐防暴演练。

演练开始，由幼儿园司机协助扮演的"歹徒"在园外徘徊一阵子，"坏人"逮到机会，越过门禁系统，手拿"菜刀"冲进幼儿园大门，教师队伍迅速拉响警铃。

"快，躲起来"

"嘘……"

"我们在桌子下面！你看不到我！"

"快，不要让'歹徒'闯进来了，把门给守住！"

听到警报，校警及防暴小队拿着武器冲出，大家从四周冲向"歹徒"实行截堵。校警拿着盾牌和警棍，校车阿姨手拿"长柄的防暴叉"，一起与"坏人"周旋，成功阻止"歹徒"伤害幼儿。

本次反恐防暴安全教育活动，不仅使师生及保安人员对防暴事件的应急程序、逃生方法有了切身的体会，还了解了盾牌、防暴钢叉、头盔等防暴工具的使用方法。提高了师幼的自我保护意识，检验了幼儿园安全防范工作的实效性，进一步确保了幼儿园环境的和谐稳定，增强了我园师幼的安全意识和自我防护意识。

我园将在平时的常规教育中，继续常抓不懈，力求做到居安思危，防患于未然，把安全放在第一位，把我园安全教育工作做稳做实。

广外佛山君御幼儿园消防应急疏散演练

为进一步提高师幼的消防安全意识，增强疏散与自救能力，提升在突发性灾害发生时的安全防范应对能力，保障幼儿的生命安全，打造平安校园，2017年11月12日上午我园开展了消防安全应急疏散演练活动。

我园结合幼儿园实际，认真细致地制定此次活动方案，召开了教师动员会议，明确职责要求，在演练过程中，随着警报的响起，各位老师立即到达指定岗位，确保演练过程的安全，认真协助并引导幼儿有序快速疏散。孩子们在老师的带领下紧张有序地开始疏散，经过3分钟的时间，全体师幼转移到安全地带。没有发生一例奔跑跌倒、拥挤踩踏等事故。

听到警报后全园教职工立即停下手中的工作。由各班教师负责组织幼儿用湿毛巾捂住口鼻，弯腰小步快走，分两道楼梯迅速且有序下楼。从楼内撤离出的幼儿以班级为单位在操场集合。

演练结束后，周宇园长对整个消防演练做了总结发言，她为了让幼儿更加清晰理解为什么要进行消防演练，巧妙地设计了问题进行抢答。模拟遇到火灾的紧急疏散演练，是为了锻炼教师及幼儿在遇到真正火灾时能用正确的方法快速逃生，远离伤害，提高保护自己的能力。本次消防安全演练活动在全体教职工共同的协作下圆满结束。

【生活课程】

沐浴阳光，快乐成长，君御幼儿园日光浴

君御幼儿园那一群光膀子的娃在干吗？淡定！原来他们在进行日光浴。进入九月，太阳不再像七八月那么猛烈，君御幼儿园的宝贝们可以开始期盼已久的日光浴啦！他们褪去外衣，与太阳公公来了一次零距离的接触。看！孩子们在阳光的沐浴下，笑的多灿烂！

那么日光浴对宝宝到底有什么作用呢？让我们一起来科普一下吧！

日光浴就是让阳光直接晒到人体的皮肤上，然后起一定的化学反应，从而能够达到健身和治愈疾病的目的。那么，对于年幼的宝宝来说，宝宝日光浴的作用有哪些呢？对于年幼的孩子来说，宝宝日光浴的作用如下：

宝宝日光浴能够为孩子带来热量，帮助宝宝的身体进行血液的循环以及新陈代谢；

宝宝日光浴能够起到杀灭细菌和增加身体抵抗力的作用；

宝宝日光浴还能够预防婴幼儿佝偻病；

宝宝日光浴可以让孩子领悟大自然的温暖，然后刺激宝宝产生乐观积极的情绪，特别是对于宝宝叛逆期的情绪更有帮助，让宝宝可以在平时的生活中吃好、睡好；

宝宝日光浴能够帮助孩子的手脚得到伸展，对于孩子的心理健康有一定的帮助；

宝宝日光浴能够有效地为孩子补钙，增强维生素 D 的补充，从而加速孩子身体对钙质的吸收。

宝宝日光浴的作用很大，所以，家长朋友可以在天气好的时候，带孩子到户外或者是海滩进行日光浴。在对宝宝进行日光浴的时候，不要进行

过久，以免造成孩子头部晕沉，一般进行 15—20 分钟即可。宝宝日光浴的作用想必现在大家都有所了解了，希望家长朋友能够充分利用大自然的能量哦。

走进大自然，感受秋天

为了激发孩子们热爱自然、探索科学的兴趣，启发孩子们好奇探究的天性，满足孩子们活泼好动的特质，我园主题教学活动就直接将教学活动带到大自然中去，让孩子们在大自然中去观察、探究和了解，开展体验式教学。托小班级组开展户外主题活动，主要是想让孩子们通过亲身体验了解秋天，今天我们要认识罗汉松、芙蓉等植物，还要收集许多植物的叶子。

孩子们发现原来广东的秋天许多植物还是绿色的，罗汉松是呈薄片状脱落的，地上可以捡到不同形状的金色落叶，有长条大片状的，有心形状的，可以制作许多美丽的手工作品。伴随着秋风，走进大自然的孩子们格外地欢快，在对比观察各种形状的叶子中加深了对秋天的认识。后期各班将收集到的树叶，制作树叶标本、拓印树叶画和树叶拼贴画，既丰富了孩子们的想象力，又可以锻炼孩子们团结合作的能力。

"劳动最光荣"自理能力大赛圆满结束

陈鹤琴先生提出："凡是儿童自己能做的，应当让他自己做。"学龄前是儿童自理能力形成的关键时期，幼儿自理能力的培养和提高，能够促进幼儿独立性和自信心。良好的生活能力也将使其受益终身！

幼儿时期是生长发育的关键期，培养幼儿的生活自理能力，通过幼儿的学习、参与、训练，做些力所能及的事，有利于他们动作的发展。幼儿时期又是能力培养的最佳期，良好的生活能力将使其终身受益。因此，我园结合幼儿的年龄特点于 2019 年 5 月 14 日—15 日下午开展了自理能力比赛项目。

托班比赛项目：收拾玩具

小班比赛项目：穿鞋

中班比赛项目：折叠衣服

大班比赛项目：整理书包、床铺

首先迎来的是托班萌宝的"收拾玩具"比赛和小班萌宝的"穿鞋比赛"，萌宝们可爱极了。"预备—开始！"随着一声口令，萌宝们全神贯注地投入到比赛当中，按照比赛要求开始脱鞋、穿鞋。孩子们的种种表现引起了评委和小观众们的阵阵笑声和加油呐喊。激烈竞争的比赛促进了班集体的凝聚力。不论输赢得失，比赛中的孩子们脸上都显得信心十足，自信满满。

接着看到的是中班幼儿开展的"叠衣服"比赛。比赛前，老师认真、清晰地介绍了比赛规则，老师还一边介绍一边示范。孩子们也都目不转睛地看着。比赛规则介绍完后就开始了紧张又刺激的比赛。比赛过程中，孩子们个个身手敏捷、毫不示弱。瞬间觉得宝贝们都成了自理小能手，棒棒哒！

最后映入我们眼帘的是大班开展的"整理书包、床铺"比赛。在紧张的比赛氛围中，选手们做好了比赛准备。随着裁判的口令"预备—开始！"，选手们立马蹲下拿起了被子开始折了起来。看！选手们折得多认真、多整齐、多迅速呀！比赛过程中，耳边时刻充盈着小朋友的加油呐喊声，比赛氛围好不热闹呀！

在孩子们你追我赶的参与中，活动圆满的画上了句号。此次活动的目的在于加强幼儿生活自理能力的培养，促进幼儿身体的协调性和灵活性发展，养成幼儿自己的事情自己做的良好习惯。

比赛不仅仅为了名次和奖状，孩子们在赛场上奋进、自信的样子才是比赛的真谛，君御宝贝们，你们的出色表现，应该被点赞！

"自己的事情自己做"这种良好的生活习惯，相信在今后的生活中孩子们会继续延续。因为他们都是最棒的自理小能手！

[春日戏雨]记录我的趣味童年

春雨细如丝，
如丝霖霂时。
如何一霶霈，
万物尽熙熙。
　　　　——邵雍（宋）

阳春三月，微风轻拂，
又是一场春雨绵绵，
是的，是绵绵的，
细的像浓雾，

像轻纱……

丝丝银针坠智湖，

蒙蒙烟雨浮西江，

这场春雨像一个似睡非睡似醒非醒的梦。

古往今来，春雨都是文人墨客最钟情的笔下之花，留下了许多脍炙人口的佳句。

但是，在美丽的君御幼儿园，春雨不仅是景色，是诗歌，是画卷，更是孩子们钟爱的游戏趣事和难忘的童年记忆。

春雨滴答滴答，小草要发芽，

让我们一起走进大自然，雨中嬉戏吧！

孩子们穿上我们早已准备好的雨衣，出发咯！

尽情的玩乐中，孩子们发现了一个秘密，原来每个小水坑是不一样的，有泥水坑和高低不平的石头水坑，泥水坑是最好玩的，踩起来软软的，溅出浑浊的泥水；石头水坑踩踏的太重脚会疼。

除了玩水的乐趣，我们还有很多意外的发现哦！

树叶上，草地里，我们发现了好多蜗牛，他们在慢慢的爬行着……

蜗牛为什么会在湿湿的树叶上呢？

蜗牛为什么爬的那么慢呢？

蜗牛晚上在哪里睡觉呢？

蜗牛吃什么呢？

……

春雨，不仅滋润万物生长，还带给孩子们无穷乐趣，在玩耍的过程中，自然而然激起孩子们观察的兴趣，这正是体验式学习带给孩子们的收获。

在大自然中，孩子们玩的不亦乐乎，尽享雨中乐趣，正如古代诗人张志和笔下的"青箬笠，绿蓑衣，斜风细雨不须归"之意。

看！藏在菜园子里的童年故事

还记得学期初期被埋下的一粒粒种子吗？

还记得种子刚刚发芽时，孩子们兴奋又骄傲的小模样吗？

还记得一双双小手，在浇灌小小的幼苗呵护它成长吗？

……

盼望着，盼望着，夏日要来了，孩子们亲手种下的果蔬丰收啦！

在孩子们的殷殷期盼下，广外佛山君御幼儿园老师组织孩子们到君御花园进行采摘。纯天然绿色无公害的瓜果蔬菜园，是孩子们最好的自然乐园。

喜笑颜开的玉米、硕大的南瓜、绿油油的青菜、水灵灵的番茄、盛开的向日葵……这里就是最受孩子们喜爱的君御花园！在这里，孩子们尽情地释放自己的好奇心，尽情探索，用那一双双稚嫩的小手和灵动的眼睛去了解自然的奥秘。

一大早，在老师的组织下，孩子们兴奋地奔向君御花园，采摘自己种下的果蔬。

孩子的童年需要大自然的滋养，各种各样的体验能让孩子快速成长。收获季节的五彩斑斓充满了魔力，让孩子们亲手采摘成熟的果实，既丰富了他们的生活，更让他们感受到收获来之不易，还激发了他们热爱大自然、热爱劳动的情感。

纯天然绿色无公害的瓜果蔬菜，当然由孩子们先来品尝，孩子们在细心地清洗着自己收获的蔬菜，满满的幸福感。

来到宝贝小厨房，孩子们穿上小围裙，戴上厨师帽，化身为小厨师，把金黄色的大南瓜切好，准备要下锅了。

小厨房里到处都洋溢着香气，香香甜甜的南瓜汤，我们都爱喝。原来感受收获的快乐是这样子的。我们不仅做了南瓜汤，还做了很多绿色食品……

好奇心和求知欲是孩子的天性，"生活即教育"，大自然的美，使孩子的知觉更加敏锐，能唤醒他们创造性的思维。我们带孩子走到真实的自然环境中，引导孩子观察感受植物的生长变化，感受采摘带来的喜悦。

教育家陈鹤琴曾说过：大自然是我们的知识宝库，是我们的活教材。应该多让幼儿自己去感知、去思考、去发现。为此广外佛山君御幼儿园也本着"自然皆生长，生活即教育"的理念，充分挖掘利用自然资源，为我园幼儿提供种植采摘的体验场所。

文明自助餐，快乐齐分享

为了培养孩子自主就餐的良好习惯和文明进餐的礼仪，体验中西餐用餐习惯的不同，我园每两周开展一次"我的午餐我做主"快乐自助餐。幼儿园提供了营养又美味的食物，让宝贝品尝世界各地的食物及感受中西方不同的进餐礼仪。本周的中式自助餐体验，厨房的叔叔阿姨们特意为宝贝们提供了营养丰富和色彩鲜艳的炒饭，味道一级棒的鸡翅和蔬菜等等不同口味的食物。前期我们引导宝贝学会自主取餐，体验中式自助餐的时候要学会使用筷子优雅地进餐，宝贝们个个变身为小绅士小淑女，养成良好的进餐仪态。

用餐前，我们和宝贝们分享了自助餐用餐礼仪：第一，要了解菜序；第二，要排队进餐；第三，要多次少取；第四，要送回餐具，通常提倡用完自助餐之后，自己送回自己所用过的餐具；第五，要利己利他，自助餐礼仪中还强调自我照顾和照顾他人。

饭菜上来了，我们大班的哥哥姐姐就井然有序地开始自己盛汤喝，不愧是哥哥姐姐，干净利索棒棒的！

小班的宝贝们也不落后，可以自己动手取用自己喜欢吃的东西，都在有序的排队等待呢！

别看我们是小小班的小宝贝，我们自己能做的事情自己做哦，我要多吃点，才能快快长大呢！

通过"快乐自助餐"的日常活动，让宝贝们了解自助餐的用餐礼仪，要有序地排队拿取食物，吃多少就拿多少，学会了等待、谦让，养成文明用餐的行为习惯和不浪费食物的良好意识，提高了自我服务能力，同时也体验到自助餐的自主和快乐，贯彻了我园的培养目标，让宝贝们都能成为"懂礼貌、守规则、受欢迎"的好宝贝！

第二节　国际文化体验课程

广外幼儿园、君御幼儿园"园本特色课程"建设获得阶段性成果

"国际文化体验课程"是广外幼儿园、君御幼儿园园本特色课程，经历了3年的探索和一系列丰富多彩的活动，逐步形成了自己的特色。为了更加深入地开展国际文化体验课程，我们于2016年12月24日邀请了广州市白云区及佛山市高明区的相关领导和专家莅临我园参加"国际文化体验课程"研讨。

出席本次会议的专家有：广州市白云区教育发展中心黎小虹老师；佛山市高明区教育局民办德育科刘海洪科长；佛山市高明区教育科研培训中心管向民主任；高明区机关幼儿园谢敏霞园长；广外教育集团高宇老师。

会议由广外佛山君御幼儿园园长助理雷迪主持，首先由广外幼儿园、君御幼儿园周宇总园长致欢迎辞，然后广外幼儿园张惠芬副园长、君御幼儿园邱晓静主任分别进行了国际文化体验的总结和分享。同时提出了课程

实践过程中的一些困惑。各位领导和专家针对两所幼儿园的困惑提出了建设性的意见和建议。

与会领导、专家对国际文化体验课程高度认可，认为课程目标定位准确，活动载体契合园本教育，通过多国文化对比，在孩子的心中播种下爱国的种子，培养了具有中国情怀、国际视野的世界小公民。同时建议幼儿园申报课题，以研究引领、促进课程发展。黎老师指出"国际文化体验课程"可与五大领域相结合，两条主线并行，同时与英语教学相互渗透，编写没有可复制性的专属教材。刘科长从有可为、如何为两个方面指引了课程的方向。管主任认为课程具有原生性、多元性及创造性，并分析了课程的核心思想、活动目标及活动内容等。谢园长从美工区、益智区、建构区等区域活动入手，和我们分享了实操的方法和经验。高老师认为课程给予孩子价值观的指导，多元文化体验课程让孩子从小具有世界性的眼光。

通过研讨理清了课程发展的思路，明确了深入开展的方向，同时找到了科学的方法，达成了共识，为我园未来园本特色课程的打造勾勒出美好的蓝图。课题的研究不仅可以促进课程的发展，还可以锻炼每一位老师，以课题研究引领教师专业成长。感谢专家们贡献的智慧，让我们享受到一场幼教发展的思想盛宴！会后，两所幼儿园的老师热血沸腾，受到了很大鼓舞，我们将根据领导和专家们的建议继续分阶段深入开展课题研究，深化国际文化体验课程。

【发扬敬老美德，传承民族文化】

国际文化体验成果展之剪纸篇

剪纸作为我国传统的民间艺术，有着悠久的历史，以其健康朴实的美感、夸张变形的艺术风格、丰富多样的表现题材吸引着富有梦幻色彩的孩子们。

为了加深孩子们对我国优秀民间艺术内容的认识和了解，感受民族文化的魅力，我园本学期进行了剪纸文化体验。在重阳节来临之际，我园举办了"发扬敬老美德，传承民族文化"国际文化体验成果展之剪纸活动。

走进活动场地，便看见琳琅满目的剪纸作品和宝贝们进行剪纸活动的剪影。宝贝们看到舞台的四周都挂满了自己的作品时，脸上都充满了自豪！

雷园长对剪纸文化体验活动进行总结，肯定了孩子和老师们取得的成绩。舞台上，教师及家长共同演绎富有民族风情的《纸韵》，外教老师穿着中式旗袍学习剪纸技巧，优秀的民族文化深深地吸引着外籍友人，爸爸团也耐心细致地陪伴着孩子剪纸。

这次活动的背后是满满的感动。老师们提前从多方面学习剪纸技巧，开展了剪纸培训交流会，在教学活动中用心地指导每一个孩子，还利用业余时间制作了风格各异的背景板，有的家长下班后自发组织来园向老师们请教剪纸技巧，有的家长在微信群里和老师们提前做了大量的准备工作，才有了一幅幅精美的作品。

重阳来临之际，宝贝们把亲手制作的剪纸作品以及精心挑选的礼物送给老人，老人们露出了灿烂的笑容，敬老的种子在孩子们的心中发芽。国际文化体验暨两周年园庆闭幕式在这其乐融融的景象中圆满结束了，还有更多精彩纷呈的体验活动等待着大家，我们下期见！

"六一"国际文化嘉年华 "君御"宝贝嗨翻天活动圆满结束

六月的阳光灿烂夺目，六月的鲜花绚丽多彩，六月的笑脸如花绽放，六月的歌声随风飘扬，六月的今天是"六一"国际儿童节，是属于小朋友们的节日。2018年6月1日，广外佛山君御幼儿园的孩子们穿着五彩的演出服，怀着激动的心情来到幼儿园。上午9点，老师、家长、小朋友们欢聚在君御海城负一层篮球场，举行了"六一"国际文化嘉年华"君御"宝贝嗨翻天"活动，本次活动不仅有孩子们的异国风情表演，还有异国游园活动、异国场景文化欣赏和异国美食品尝，丰富精彩的"六一"尽在广外佛山君御幼儿园。大学领导、教育局相关领导和公司领导对此次庆祝活动高度重视，给予了极大地关心和支持，出席了庆祝活动。

广东外语外贸大学英文学院党支部书记王斌、高明区教育局德育民办科科长刘海洪、国信控股副总裁潘忠明、广外佛山君御幼儿园董事长何颖莲、广东外语外贸大学附设佛山市外国语学校副校长张敏出席了本次庆祝活动。

精彩花絮：孩子们身穿异国服饰走进红地毯，他们的脸上洋溢着喜悦、洋溢着欢乐。莫斯科之家的孩子和家长为我们带来《中国民族时装秀》；帅气的外教拿着吉他闪亮登场，身后还有一群可爱的老师们为他伴舞。还有异国风情小镇体验；异国游戏体验；东南亚风情街——人体彩绘；唐人街——民间套圈、狮子采青；电动车竞技；非洲击鼓；异国美食品尝；等等。

本次"六一"国际文化嘉年华，"君御"宝贝嗨翻天活动中的每一位孩子都体验着、快乐着，每一个节目都精彩地秀出了孩子们的童真、童趣，秀出孩子们的个性，秀出孩子们的艺术潜力，赢得各位领导及家长们的阵阵掌声。形式多样的活动，全面展示了广外佛山君御幼儿园素质教育的成果，也体现了君御幼儿园"一切为了孩子，坚持全人教育，培养走向世界的现代人"的办园理念，给每一位孩子留下了童年最美好的记忆。

【纸鸢漫天 梦想蔓延】

广外佛山君御幼儿园国际文化体验暨风筝文化艺术节圆满落幕

春天代表着希望，美好，万物复苏。春天是放飞风筝的好季节，2018年3月31日上午广外佛山君御幼儿园在百草繁茂的明湖公园举办了国际文化体验暨风筝文化艺术节。

手工扎染是我国传统的一种印染方式，绚丽多姿的成都皮影以及巧夺天工的手工风筝，它们都可以是扎染作品。为了让幼儿感受扎染作品的美，提前为风筝文化节做好准备，我们园开展了一系列的扎染活动，孩子们的想象力和创造力超乎我们的想象。与色彩亲密接触后，孩子们创造出了别具一格的作品……

为了增强宝贝们的动手能力，更为了加强父母与孩子之间的互动交流，我园特别准备了自制手绘风筝。让每个孩子都有机会和家长共同绘制属于自己独一无二的风筝，瞧宝贝们一个个认真的小模样，有些宝贝在画画的时候甚至变成了小花猫，惹的爸爸妈妈和老师忍俊不禁。

每一个孩子都是一只风筝，而父母们就是掌握风筝线的人，当他们用力不足或用力过猛时，都牵绊了孩子的脚步。所以作为父母就要控制好手中的线，因为它是连接父母与孩子的纽带，它是尊重，是理解，是善待，是关爱，更是信任。

尊重与理解孩子的天性，善待他们，关爱他们，信任他们的情感！孩子一天天地长大，犹如风筝越飞越高，但是我们相信：父母的心永远牵挂着他……

每个孩子都是天生的艺术家，亲手创造的过程让宝贝们都身心愉悦！一个个专注得眼神，一双双灵巧的小手，一只只美丽的风筝把这个春日的时光渲染地分外温暖。

祝贺广外佛山君御幼儿园国际文化体验暨风筝文化艺术节圆满落幕，我们第二届再见！

这场走向世界的国际文化活动不能错过

——广外佛山君御幼儿园第四届新年运动会暨国际文化活动

　　一排排整齐的队列，一个个矫健的身姿，一张张天真灿烂的的笑脸，构成冬日暖阳里最美丽的画面。

　　2018 年 12 月 22 日上午，广外佛山外校彩旗飘飘，气球飞扬，好一派热闹的场景，原来是广外佛山君御幼儿园第四届新年运动会暨国际文化体验活动隆重举行。老师们的积极投入，幼儿与家长们出色的表现，每个人脸上都洋溢着灿烂的笑容，使得南国的冬日如夏日般火热。

　　本届运动会本着让每一位幼儿参与、快乐、健康的原则，通过运动会的开展促进幼儿身体的发展和基本动作的提高，丰富幼儿的生活，提高他们参与体育活动的兴趣，使幼儿身体得到锻炼，体质得到增强。

　　庄严的升旗仪式，由宝贝们和爸爸们担任光荣的升旗手和护旗手！全体唱国歌，行注目礼。

萌娃国际游·趣味欢乐颂

　　北京之家里是幼儿园龄最小的托班宝宝，小运动员们人虽小，可是志气高，朝气蓬勃，茁壮成长。第一次参加这么隆重的活动，表现得非常勇敢。

东京之家的小朋友，他们穿着日本的动漫服饰，可爱的表演赢得了观众的掌声。

代表韩国的是首尔之家的小朋友，灿烂的阳光里，蔚蓝的天空下，这群可爱的小娃娃脸上挂满了天真的笑容。

看！伦敦之家的小朋友，他们穿着英国的代表服饰，个个精神抖擞，活泼可爱，喊着充满信心的口号！

哇，代表澳大利亚的堪培拉之家的小朋友非常可爱，他们化身为可爱的小袋鼠，吸引观众们的目光。

经过一年的学习，代表法国的巴黎之家的小朋友步伐整齐，独当一面，他们的服饰特别美！

咦，这是谁？原来是莫斯科之家的朋友，他们精神抖擞，神采奕奕！

代表南非的开普敦之家的宝宝穿着艳丽的服装，一段非洲鼓表演揭开了他们的神秘面纱，大家都跟着一起摇摆！

巴西利亚之家的小朋友，一段精彩的足球表演，让大家目不转睛，跃跃欲试！

哟，哪里来的篮球小明星？原来是华盛顿之家的小朋友们，他们精湛的篮球技艺，赢得阵阵热烈的掌声，不愧是流量小萌娃！

爸妈老师齐上阵·用心努力共成长

父母是孩子们心中的英雄和超人，他们英姿飒爽，充满着朝气和活力，他们愿意和孩子们共同努力，共同成长，他们喊出他们的口号：君御宝贝，勇往直前，勇于拼搏，走向世界！

教职工代表队迈着铿锵的步伐，朝着君御幼儿园的美好明天奋力前进！这是一支不忘初心、充满爱心、满怀信心的巾帼队伍！

广外君御幼儿园的每一步发展都离不开各级领导和朋友们的关心与支持，是他们的教育情怀，让孩子们在温暖中成长！幼儿园的发展也有赖于一直大力支持工作的家长，感谢园级家委成员的努力付出！

我园坚持全人教育，一直以来，非常注重宝贝的全面发展，各种特色班的宝贝也要一展风采。这是舞蹈班的小可爱们！集合老师和小朋友们集体智慧，自制体育器械表演。

爸爸妈妈们表演的《童年》，使所有人集体回到这美好的童年，出色的表现和积极参与的精神为我们的小运动员们做出了榜样。

老师们用心表演的舞蹈《洗衣歌》展示了老师们扎实的基本功和对幼教事业的执着与坚守！

运动展风采·拼搏获荣誉

本届运动会的运动项目特别丰富，《大象鼻子投篮》《运足球绕障碍》《助跑跨跳》等等，大家玩的不亦乐乎。宝贝们一个一个能量大爆发，积极配合爸爸妈妈完成各项游戏。为了赢得比赛也是拼尽全力，这运动精神值得点赞。同时，宝贝们的亲友团们也卖力为自己的宝贝加油！整个活动现场欢快的气氛达到沸点。

看着孩子们嗨翻了的比赛，爸爸妈妈们也摩拳擦掌，拔河比赛如火如荼，江湖重量级选手，谁与争锋！

欢乐的时光总是短暂的，精彩有趣的运动会逐渐接近尾声。孩子们、家长们、老师们接过荣誉的奖牌，将勇敢、坚持、团结的精神镌刻在他们的小小心田，我们用满腔的运动热情点燃了寒冷的冬日。广外佛山君御幼儿园第四届届新年运动会暨国际文化体验取得圆满成功。2018 年是我们不断努力和载满荣誉的一年，期待 2019 我们不断跨越，创造新的辉煌！

印度文化教学成果展示

结合我园的国际文化特色体验课程，10—11 月是"印度文化体验月"。经过两个月的体验学习，我们在 11 月 29、30 日分别开展了中大班和托小班的印度文化教学成果展活动。

印度文化体验课程的目的：

在印度文化体验课程中，以"体验"活动形式进行，既符合幼儿的认知特点，也凸显了"以儿童发展为本"的理念，在活动方式上更强调以儿童为中心，关心幼儿自己的感受和学习方式，这就需要幼儿自己去观察、总结和思考。在印度文化体验课程中，幼儿自主地进行言语表达、动作呈现、合作与交往、制作与探索、行为习惯实践等，使幼儿获取知识、累积经验、锻炼能力、全面和谐发展。

印度文化体验课程的内容：

印度文化体验，教师们带着孩子围绕印度文化的主题，深入印度，体验印度的人文风情、风俗礼仪、舞蹈音乐、美食节日、建筑等。

印度文化体验课程的实施过程：

教师团队前期充分地准备，围绕着印度文化、课程建设、幼儿学习等核心问题进行理论学习和实践研究，并针对课程内容与特点组织学习，反思与研讨，为印度文化体验课程的实施进一步明晰了方向。

【健康之美，运动之乐，亲子之情】

广外佛山君御幼儿园第五届国际文化体验暨新年运动会

暖阳洒向我们的笑容，天依旧那样蓝，风依旧那样暖，在这样的时节，我们迎来了广外佛山君御幼儿园第五届国际文化体验暨新年运动会。

为了促进幼儿身体的发展，我国举办了丰富幼儿生活的运动会，提高幼儿参与体育活动的兴趣，使幼儿身体得到锻炼、体质得到增强，推动全园体育运动的开展。本着让每一个孩子参与、快乐、健康的原则，同时深入贯彻我园开展国际文化体验的办学特色，在新年即将到来之际，广外佛山君御幼儿园举行了第五届国际文化体验暨新年运动会。

伴随着家长和小可爱们的到来，2019 年新年运动会渐渐拉开帷幕，温馨美好的时光从现在开始。

一、国旗入场

蓝天奏响运动的旋律，鲜艳的国旗在前面引路，欢快的入场曲在幼儿园的上空回荡！看！十二位护旗手手擎国旗，迈着坚实的步伐向我们走来，他们认真的小模样，让我们由衷地为他们鼓掌！

二、运动员入场

紧接着小小运动员们穿着各国的代表服装，迈着矫健的步伐精神饱满地进入运动场。他们自信阳光，他们勇敢坚强，他们是运动场上最亮丽的一道风景线。

随后家长和教职工代表方阵整齐地入场，爸爸妈妈和老师们昂首阔步，喊着响亮的口号，为宝贝们做出了榜样。

三、升旗仪式

担任升旗手的是帅气的爸爸团。

四、园长致辞

雷园长为本次运动会致开幕词！对各位家长一直以来的支持表示感

谢，同时预祝广外佛山君御幼儿园第五届国际文化体验暨新年运动会圆满成功。

五、代表宣誓

运动员、裁判员代表宣誓。

六、节目表演

今天小朋友们除了会在赛场角逐，还准备了精彩的表演！

我们还有这样两支队伍——年轻靓丽的妈妈和青春活力的老师们，她们为了能够让今天的运动会更加精彩的呈现在大家眼前，利用自己的休息时间准备了精彩的舞蹈，相信她们将会成为今天这个会场上一道亮丽的风景线。

七、运动项目比赛

每个亲子比赛都巧妙地融入了跑、跳、钻、爬、平衡等基本动作，孩子们和爸爸妈妈用心投入，配合默契，那一个个不怕困难、勇往直前的身影，那一双双自信十足、渴望胜利的眼睛，还有那一声声助威呐喊的"加油加油"，让整个运动场沸腾了。

家长们的团体拔河比赛又将活动推向下一个高潮，伴随着紧张激烈的气氛，家长与家长之间玩得不亦乐乎，响彻云霄的呐喊声在操场回荡，激动人心又其乐融融。

八、运动会落幕

"伴随着欢笑与荣耀，夹杂着汗水和奋进，广外佛山君御幼儿园第五届国际文化体验暨新年运动会圆满落幕！"健康之美，运动之乐，亲子之情在这里洋溢，今天孩子们在活动中获得健康，在竞争中学会合作，在游戏中找到快乐，也更深入地体会到国际文化体验的特色。让我们永远记住这一天，让所有的掌声、笑声永远留在广外佛山君御幼儿园所有小朋友的身边，时间会记录着孩子们的足迹。孩子们，加油！

第三节　特色课程

【新闻口袋】

走进海天，体验城堡的魅力

为了开拓孩子们的视野，丰富知识经验，我园 2017 年 3 月 31 日组织全体幼儿参观了全国科普教育基地，世界上最大的酱油王国——"娅米的阳光城堡"。

到了海天酱油阳光工厂，小朋友们都兴奋极了，城堡里的姐姐给孩子们讲解酱油的生产过程，小朋友们还观看了微电影《一颗黄豆的故事》，充分了解了从黄豆到酱油的全过程。

这一次的远足活动让孩子们知道了酱油的生产酿造过程，体验了一回"小黄豆成酱油的奇妙旅程"。开拓视野，丰富知识的同时，又让孩子懂得了食物的来之不易，培养了其珍惜食物的优良品质。更重要的是锻炼了孩子们的意志力，增强了耐心和恒心，每个孩子都坚持走完了一个半小时的参观路程。从那一张张嬉笑的小脸儿可以看出，宝贝们累并快乐着。

我们将继续开展类似的远足活动，带领孩子体验不一样的生活，让小眼睛看更宽广的大世界！敬请关注宝贝们下一次的精彩之旅。

【大手拉小手】

打造特色课程，走进君御，让孩子爱上学习

打造特色课程

走进君御，爱上学习！

以质量求生存，以特色求发展，家长的信赖督促我们不断进步。为了促进孩子们全面发展，本学期我园开设了培养孩子综合创作能力的陶艺课、木工课。不仅可以开发幼儿的智力，还可以发展他们的感知力、观察力和创造力，提高幼儿的动手能力。

木工课培训

美好的周六，广外佛山君御幼儿园的教师没有停止学习的脚步。为了更好地开展木工特色课，提高我园教师的教学技能，特邀请了广州萝岗香雪幼儿园王秋和颜少丹两位老师分享《大型户外建构游戏对幼儿的发展》和《幼儿园木工区的指导策略》专题讲座。

王教授和颜老师结合木工教学实践中的经验，用丰富有趣的例子介绍了木工课程的授课方式、安全事项等，还根据不同年龄段的幼儿特点向我园教师分享了许多宝贵经验。

颜老师为我园孩子上了一次生动的木工示范课。因为有了浓厚的兴趣，孩子们都格外专注，创造力和实际动手能力都超出了老师的预想。孩子们都迫不及待地想把美丽的作品展示给家长和老师看！家长们个个都手机不离手，忙着拍小视频和照片，定格孩子成长的瞬间。有趣的课堂就有让孩子依依不舍的魔力，有礼貌的孩子们还不忘谢谢老师，给老师一个大大的拥抱。

通过这次培训，我园教师对木工课程有了更深的认识，老师们表示培训后眼界开阔了，思考问题比以前更全面了，许多疑问得到了启发或者解决。谢谢王教授和颜老师为我们带来了理论与实践相结合的有趣课堂。我们一直在前进，加强我园特色课程建设。

陶艺课培训

陶艺作为一门独特的艺术课程在我国儿童艺术教育中逐渐发展并壮大起来，它有着一般艺术教育方式所没有的特点和优势，对儿童的身心发展和创新思维能力的培养有着重要意义。2016年6月27号，我园邀请了"树与淘"专业教师郑若琼分享了陶艺知识。

郑老师现场示范盘泥条、手捏成型法及拉胚等专业手法。我园的老师们听得可认真了，都迫不及待要动手试试。

我们老师的作品个个美美的，接下来我们期待广外佛山君御幼儿园宝贝们的作品。

走进超市 快乐体验

为了使幼儿教育走近生活，回归生活。2016年11月10日，广外佛山君御幼儿园开展"走进超市快乐体验"社会实践活动。

小朋友们手拉手在老师的带领下，怀着激动的心情来到了超市。进入超市，老师先引导孩子们参观、了解超市物品的种类、摆放规律、商品的价格等常识，还告诉小朋友购物的过程中不能大声喧哗，不买的东西应放回原处，和营业员交流要有礼貌。

宝贝们学会了自己去打称，有礼貌地向营业员阿姨咨询。最后，还不忘谢谢工作人员。大班的宝贝们带好提前准备的资金和购物单，他们学会了看价钱、对比价格，还学会了面对琳琅满目的商品时要学会取舍。

通过这次走进超市活动，既锻炼了孩子们独立选择、判断的能力，又培养了他们的社会交往能力，真正做到了教育结合实际，让孩子们深入地去体验生活，去获取经验。

【拥抱春天，播种绿色】

广外佛山君御幼儿园植树节活动

广外佛山君御幼儿园这是怎么了，孩子的鞋子怎么那么多的泥巴？怎么回事？地板这么脏？

原来幼儿园在举行植树节活动，瞧，孩子们和家长们都冒着毛毛细雨来参加植树节活动呢！

3月12日植树节，是一个营造绿色氛围，呼唤人们爱护环境的日子。为了培养孩子树立保护环境，热爱大自然的意识，广外佛山君御幼儿园特别开展了"拥抱春天，播种绿色"植树节活动。植树节，洒下的是汗水，种下的是绿色，憧憬的是未来。孩子们兴奋极了，完成各项任务，挖坑、浇水、填土。他们像一群快乐的小鸟，收获着播种、浇水的辛劳与快乐。

活动前，老师通过各种形式向孩子们介绍"植树节"的来历，植树的意义以及爱护小树苗的常识，别看是幼儿园的孩子，他们个个都听得聚精会神，都嚷嚷着也想要加入植树的行列，为地球做贡献，迫不及待地和组员们完成植树节闯关任务。

孩子们和家长们走进小区，依次排好队找冼医生领取小桶，轻轻蹲在小树苗身旁，喂小树苗喝水；拿起垃圾袋，捡走垃圾，为小树苗创造一个干净的环境，充满爱心的行动表达了他们对树木花草的爱护和祝福。

他们还和小树相约："我会经常来照顾你，我们一起在成长……"一句句天真、可爱的话语，表达了孩子们的爱与纯真。

活动结束后，很多家长表示这次别开生面的植树节活动，不仅让孩子懂得了关心、爱护绿植，更体现了孩子们强烈的参与精神，不仅用实际行动加深了幼儿的绿化环境意识，同时也促进了师幼、家长之间的互动，孩子们的行动赢得了周围群众的一致称赞。

"我文明，我行动"，共建和谐美好绿色家园，这不仅是我们每一个人的责任，也是我们每一个人的义务。所以我们要在所有孩子们的心里播下一颗绿色的种子，让保护环境的意识在他们的心中慢慢发芽。让我们携起手来，播种绿色，放飞希望吧！

走进消防大队，致敬最美逆行者
——参观消防大队

有这样一群人，面对熊熊烈焰，他们选择逆火而行，以血肉之躯前仆后继，用铮铮铁骨筑起铜墙铁壁。他们总是身处危险境地，不顾个人安危抢救生命和财产。他们用生命诠释什么叫责任，捍卫人民利益。他们就是伟大的消防员。为了迎接"11·9"全国消防日，让幼儿更深入了解消防员的职责，增强幼儿的自我保护意识，提高幼儿的安全防范能力，丰富幼儿社会实践活动，广外佛山君御幼儿园组织孩子们参观消防队，让孩子们体验，了解消防。

满怀期待：

"小小消防员"在老师的带领下来到了高明消防大队参观学习。

参观消防配备工具和器材：

来到消防大队后，小朋友们兴致勃勃地参观了消防车辆，厚重的防火服、防火鞋、消防帽、空气呼吸罐、高压喷射枪等装备，做了一回"小小消防员"。

"这些装备我都没有见过，今天大开眼界啦！"

为了更真切的让孩子体验消防装备的重量，感受消防员叔叔的辛苦，孩子们在消防员叔叔的帮助下，还亲身体验穿上了灭火防护服，戴上了消防头盔。

"我长大了也要当消防员，耶！"

学习如何使用灭火器

接下来，先由消防员叔叔示范如何使用干粉灭火器，并请几位老师真实演练了一遍。

感恩消防战士，向消防员叔叔致敬：

参观结束后，孩子们将亲手制作的手工礼物送给消防员叔叔，感谢他们的付出。

此次体验观摩，使孩子们对消防有了直观的认识和感受，对烈火英雄的工作有了直观的了解，增强了孩子们的感官认知，拓展了视野，提高了孩子们的安全意识和自我保护能力。小朋友在体验中学习消防知识，第一次与消防有了零距离接触，对孩子们进行了消防启蒙教育，相信在他们心里会留下一个深刻的印象。同时消防队员们勇敢的品质也激励着孩子们健康成长，向伟大的烈火英雄致敬！

金秋，丰收之季

——广外佛山君御幼儿园远足活动

夏去秋至，万物开始凋零，微风拨动着花瓣上羞涩可人的露珠，梧桐叶纷纷下落，金黄的稻穗在秋风中摇曳，深红的果实在枝头吵闹，看似冷酷的秋季却给人们带来喜悦。在这个美丽的季节里，大自然是最广阔的课堂，赋予我们取之不尽的资源。为了更好的亲近大自然，感受秋天，拓展幼儿的视野，体验收获的喜悦，广外佛山君御幼儿园在 2019 年 11 月 10 日组织了远足活动。

在爸爸妈妈和老师的带领下，孩子们开营破冰，建立团队。活动内容也是精彩纷呈：创意绘画，化身农夫，收割稻谷，体验劳作；分工合作，美味野炊走进农田，体验丰收；团队协作，默契比拼；集体合影，快乐分享。

快乐的远足活动，让孩子们回归大自然，不仅使孩子们体验了与幼儿园不一样的生活，而且扩展了幼儿视野，学到了丰富的农业知识。通过亲身体验，培养了幼儿热爱大自然的情感，促进了孩子们身心健康发展。

第四节　延伸课程

感受世界杯，萌娃乐翻天

结合陈鹤琴"活教育思想"，大社会、大自然都是活教材。抓住了社会的热门话题——俄罗斯"世界杯"，广外佛山君御幼儿园也举办了一场足球联谊赛，让孩子们真正感受到足球的魅力，体验到踢足球的快乐，孩子们通过认识世界、团队精神、努力创造奇迹、接受失败、学会等待、树立规矩、必要的惩罚、给予空间等去实践。

足球小将们在游戏中奋力拼搏，争当明日足球之星。今天，广外佛山君御幼儿园的世界杯，火热进行中……

本次比赛是广外佛山君御幼儿园队 VS 南海誉江华府幼儿园队。

哨声吹响，比赛开始，随着裁判一声哨响，小球员们冲锋般地向对方发起进攻，快速带球移动，精准点球射门，拼劲十足。他们在绿茵场上奋力奔跑，你追我赶，在一次次进攻与防守中相互较量，尽情体验着运动带来的速度与激情，爸爸妈妈作为球迷们则在场地周围为他们呐喊助威。

小将们的身影，已经不能用一个简单的"帅"字来形容了，就在昨晚法国阿根廷上演巅峰对决 4:3，今天我们的孩子又上演一场怎样的精彩对决呢？

读万卷书仍要行万里路，经历过世界的精彩，才能沉淀出人生的价值……

通过本次足球联谊赛，广外佛山君御幼儿园 VS 南海誉江华府幼儿园 1:3 的比赛结果，孩子们不仅感受到了集体的力量，更提高了合作、交往、团队协助的意识，深深明白了合作的重要性。就像我们正在开展的世界杯一样，无论是像梅西、C 罗那样光芒四射的球星，还是其他的普通球员，都在场上扮演着各自的角色，互帮互助、合作共赢！

"世界杯"不仅有狂欢，也是教育孩子的好时机。

第五节　活动课程

【大手拉小手】

传承岭南文化，体验广东童谣

广东童谣，以前是老人家哄小孩吃饭、睡觉时唱的歌谣，是许多人童年的美好回忆。这种以粤语为基础的儿歌随着普通话的大力推广，逐渐淡出了人们的视线。广外佛山君御幼儿园致力打造国际文化与本土文化相结合的特色课程，继早茶文化体验活动之后我们开展了为期 5 周的广东童谣体验活动。今天下午，广外佛山君御幼儿园举行了广东童谣表演会，老师和孩子们在饶有韵味的旋律和欢快的游戏中传承着祖国特有的文化。接下来，让我们一起回顾一下小宝贝们的精彩表演吧！

北京之家的小朋友们为我们带来了《打开蚊帐有只蚊》，别看我们年龄小，但我们的表演毫不逊色哟！

东京之家的小朋友为我们表演的是《何家公鸡何家猜》，唱完大西瓜，感觉我们的肚子都变得圆圆的了！

伦敦之家的哥哥姐姐以童谣、游戏相结合的方式为我们表演了《落雨大》《氹氹转》，看了小宝贝们的表演是不是情不自禁要竖起大拇指呢！

在接下来的时间里，我们将继续开展国际文化体验活动，我们的下一个体验主题是：韩国文化，想知道宝贝们在下一阶段有哪些精彩表现呢！敬请您的关注！

"爱谁就泼水"广外佛山君御幼儿园疯狂泼水节活动

2018年6月21日，艳阳高照、天气晴好，君御幼儿园的孩子们个个准备齐全、全副武装，为他们期待已久的泼水节做好了充足的准备。泼水节前，老师们分享了泼水节的知识，让孩子们知道泼水是一种祝福，是爱的传递。

自信大方的宝贝们和活力四射的老师、家长们给我们带来一场时装秀。哇，请大家睁大眼睛好好欣赏哦！

水象征着幸福，泼水的过程中还把祝福带给我们爱的人，幸福常伴，祝福常在。

整桶的水像一道彩虹划出完美的曲线，向好朋友洒去，那美好的祝福、深厚的友谊如此淋漓尽致，这一刻，衣服湿了没关系，躲不掉没关系，因为我们是最快乐的，就让愉悦的心花尽情地绽放吧！

亲爱的爸爸妈妈、爷爷奶奶们，请您不要担心我们玩水后会感冒哦，因为我们的老师早就做好了充分的准备，干毛巾递上，姜糖水一杯送上，干净的衣服换上，保证我们的身体棒棒的！

记广外佛山君御幼儿园 2018 年秋季开学典礼暨粤式早茶体验活动

秋高气爽的金色九月，我们又迎来了开学季。9月3日上午，广外佛山君御幼儿园举行了2018年秋季开学典礼暨粤式早茶体验活动。在这个特殊的日子里，天空一改往日乌云密布，太阳公公早早探出了久违的笑脸，幼儿园在阳光的沐浴下，到处光彩照人，让我们跟随小编镜头直击活动现场吧！

经过一个漫长的暑假，小朋友再次回到幼儿园。迎接他们的仍然是那一张张温柔可亲的甜蜜笑脸。

开学典礼开始了，首先我们进行了庄严的升旗仪式，别看我们年纪小，尽管有烈日的照射，我们一样可以端正姿态，保持仪表，注视国旗冉冉上升，老师说了，这是对国旗的尊重。

今天是弟弟妹妹们新入园的日子，怎么少得了哥哥姐姐的祝福呢！他们早早准备了亲手制作的小礼物，迫不及待想要送给弟弟妹妹们了，希望弟弟妹妹们也要像哥哥姐姐一样成为"懂礼貌、守规则、受欢迎"的好孩子，人生的仪式感从这一刻开始。

今天，对于新入园的宝贝们来说是意义非凡的一天，对于我们的老师来说，也是不同寻常的一天，今天是老师们入职三年的纪念日，职工代表胡园园老师声情并茂地跟大家分享了这三年与幼儿园共同成长的经历和感受，是幼儿园一直引领着自己，翻过一座又一座山峰，看到一处又一处风景。

经过简单而隆重的开学典礼，我们的粤式早茶体验活动就要开始了。宝贝们一个个穿上了美丽的中式服装，跃跃欲试，都想过把瘾，有点餐的、有斟茶的……不过，在喝早茶之前，让我们和老师一起来了解一下关于粤式早茶的文化吧！

粤式早茶源远流长，具有绚丽多彩的文化内涵，瞧！连爸爸妈妈们都听得入神了！品茶时，孩子们主动为爸爸妈妈服务，积极尝试泡茶的过程，一边学习一边交流。

广外佛山君御幼儿园 2018 年秋季开学典礼暨粤式早茶体验活动在欢笑声中结束了，新学期，开启新的希望，承载新的梦想。阳光之下，孩子和老师们热情洋溢的笑脸告诉我们：美好和谐的新学期开始了！

月圆中秋，让我们与中国古诗词来一场美丽邂逅

中国五千年的灿烂文化里，古诗词是一颗绚丽的瑰宝，以其独有的文化价值薪火相传，源远流长。

中秋节，又称月夕、秋节、仲秋节、八月节、八月会、追月节、玩月节、拜月节、女儿节或团圆节，是中国的传统文化节日。

接下来，让我们赶快跟随小编的镜头去看看活动花絮吧！

诗词大会由华盛顿之家刘婧瑶家庭和巴西利亚家庭王勇深家庭担任主

持人。妈妈们也穿上了美丽的服装和孩子们一起感受诗词大会的魅力！孩子们的表现更是令爸爸妈妈们翘首称赞！

本次中秋诗词会是我园本月的教学活动展示，以中秋节为契机，以古诗词体验为载体，遵循让孩子们在玩中学，学中玩的教学宗旨，感受学习的快乐。通过本次活动，不仅让孩子们了解了中秋节的文化内涵，感受了古诗词的独特魅力，还较好的激发了孩子们对于学习中国古诗词的兴趣，孩子们正以自己的方式传承着中国传统文化。

这个四月，让我们一起来读书

一本好书，滋养一个心灵；一本好书，陶冶一个灵魂。下面让小编带大家一起走进广外佛山君御幼儿园第三届读书节。

本次读书节系列活动共分为"打开阅读之门，让书香飘进万家""班级好书分享""图书漂流站""幸福亲子共读"等项目。

4月8日上午，升旗仪式结束后，我们举行了简单而又隆重的读书节开幕式。在开幕式上，主持人向全体师生介绍了本次读书节的意义和活动开展细节。

在老师的带领下，孩子们都伸出自己的小手，印上自己的小指纹，承诺做到坚持阅读，做一个小小阅读者。

希望通过开展读书活动，引导幼儿与书交朋友，营造浓浓的读书氛围，激发师生读书的兴趣，丰富孩子们的知识，开阔他们的视野，活跃他们的思维，陶冶他们的情操，真正使师生体验读书的快乐。培养幼儿爱读书，乐读书，会读书的习惯，营造"书香校园""书香家庭"的氛围。同时引领家长共同营造家庭教育环境，促进孩子健康快乐成长。

第六章　环境体系　特色建园

《幼儿园教育指导纲要（试行）》指出："幼儿园环境是重要的教育资源，应通过环境创设和利用，有效地促进幼儿的发展。"这一要求说出了幼儿园的环境创设要达到潜移默化的教育目的；优质的育人环境既要有完善的显性环境，更应该有艺术性、人文性、生活性、教育性相结合的隐性环境。让环境最大化地满足幼儿的身心发展，能与幼儿有效互动，这样才能称得上"第三位教师"。接下来我们来谈谈我园如何结合以幼儿为主体的国际文化特色进行环境创设。

（1）我园的办园理念定位于让幼儿立足于中国，放眼于世界。我们在打造环境时充分考虑以"幼儿为主体"这一原则，让孩子成为环境创设的参与者。例如：大班幼儿体验《京剧脸谱》时，幼儿绘画了各种各样的京剧脸谱装饰走廊。当幼儿作为主体参与幼儿园的本土文化环境布置时，自豪感和成功感油然而生。

（2）功能室环创成为幼儿体验国际文化的平台。幼儿园的国际文化环境创设应从幼儿真实的生活情境出发，这样才能联系幼儿已有的生活经验，激发幼儿真实的生活情境，能让幼儿获得真实的实践和体验。例如：在小厨房内设置中餐厅、西餐厅。幼儿在真实的环境中进行食物的制作、品尝，在这种真实的活动中幼儿了解了西餐具的摆放和使用方法、中餐具的摆放和使用方法，了解世界各地和中国不同的饮食文化体验，让幼儿在真实的体验中成就自信、获得知识，懂得尊重异国文化。在另一个国际文化展示厅集中展示了十三个国家的特色图片、民族衣服、美术文化、运动文化、特色建筑以及该国家相关的国旗、国花等。

（3）班级环创体现国际文化体验的整体风格。我园班级的名称都是以国家的首都定名，每个班级都具有鲜明的国家文化特色，让幼儿置身于风格明朗的文化元素氛围中，耳濡目染，无声吸收。

（4）幼儿园其他区域的环境设置处处彰显我园的办园理念、培养目标、课程特色以及园所文化。例如：温馨如家的教室办公区，充满创意的课室走廊，极具探索价值的儿童菜园，文化特色鲜明的楼梯装饰，让孩子们流连忘返的爬坡等等，无一不体现园所风格以及教师的独具匠心。

情系幼教　一路追逐
——探寻国际化特色鲜明的幼教之路

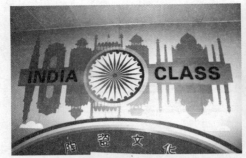

　　如果说课程是行走的理念，那么我们为之努力打造的园所环境就是无声的理念，是幼儿、教师、家长共同的精神家园。

第三篇　硕　果

第七章　春华秋实　一路芬芳

第一节　师生成果

"夯实基础，争创一流"

——广外佛山君御幼儿园参加"广东省规范化幼儿园"评估报道

"宝剑锋从磨砺出，梅花香自苦寒来"。广外佛山君御幼儿园从 9 月 6 日开学以来，经过全体教职员工一个多月的辛苦努力和精心准备，2015 年 10 月 29 日迎来了"广东省规范化幼儿园"评估小组的评估指导，并顺利通过了评估验收！

上午 9 点 30 分，评估组听取了周宇园长"夯实基础，争创一流"的自评报告。高明区荷城街道教育局邓局长对我园的各项工作给予高度评价，对我园的办园理念"一切为了孩子，坚持全人教育，培养走向世界的现代人"表示高度赞同。

在一天的评估工作中，评估组查阅了资料，巡视了园舍环境、设施设备，进行了教师座谈会，观察幼儿半日活动情况等，对幼儿园的各项工作进行了全面细致的评估。

经过一天严格的评估验收，在评估总结会上，评估小组对我园的办园宗旨以及对园舍环境、设备设施、教师队伍建设、特色创建等方面给予了肯定，并审核通过广外佛山君御幼儿园为"广东省规范化幼儿园"！同时，评估组还向幼儿园提出了后续发展建议，希望幼儿园进一步完善设施设备、加强师资队伍建设，以规范化幼儿园为新的起点，继续朝着更高的目标迈进！

幼儿教育只有起点，没有终点！广外佛山君御幼儿园将以这次督导评估作为新的起点，全园教职工齐心协力，认真对待各项工作和学习，进一步提高幼儿园办园水平，办社会和家长放心的幼儿园！

分享交流　共同成长

——广州中医药大学附属幼儿园来我园参观交流

2016年3月7日上午，广州中医药大学附属幼儿园的同行们在园长吴文姬女士的带领下来到广外佛山君御幼儿园参观交流。

有朋自远方来，不亦乐乎？广外佛山君御幼儿园周宇园长亲自陪同姐妹园的同仁们参观了园容园貌。接下来，大家听取了周园长在办园理念、教育管理、特色发展等方面的经验介绍。同行们对我园科学有序的管理、良好健全的园风园貌、国际文化与本土文化相结合的特色教育环境给予了高度的评价。特别是我园着力打造的国际文化特色让每一位同仁们眼前一亮，有力的彰显了我园品牌文化的特色建设。

在接下来的交流活动中，姐妹园之间围绕"亲子活动的设计与开展"这一主题展开了讨论。在交流研讨中，老师们积极思考，畅所欲言，不断碰撞出智慧的火花。

这次的交流活动，从园所管理、教育教学管理以及特色发展等方面对两所幼儿园都有积极的影响。在接下来的工作中，我园会继续加强与姐妹园的经验交流，相互学习，相互促进，让幼儿园有更好的发展！

热烈祝贺我园胡园园老师获荷城街道幼儿教师说课比赛一等奖

为进一步加强幼儿教师队伍建设，促进幼儿教师的专业发展，2016年5月13日上午，高明区荷城街道教育局举行了幼儿教师说课比赛。我园胡园园老师以其自身深厚的教育功底和魅力征服了现场评委荣获一等奖。

本次说课比赛以随机抽签的形式抽取说课的选题。胡园园老师虽然第一个上台，依然表现得大方从容，教态自然亲切，生动地阐述自己的教学理念，课堂教学目的明确，教学思路清晰，教学过程设计合理，语言表达准确精练，教学方法独特新颖。说课过程中充分体现出趣味性、科学性。

高雅音乐·校园行

——我园教师精彩演出

2016年10月29日，"高雅音乐·校园行"首站精彩演出登陆广外佛山外校，我园教师为观众带来了喜庆的开场舞《欢聚一堂》。

我园以国际文化体验为特色，体验式教学致力于让幼儿将自己的智力、情绪及行为全部投入到整个学习过程中。尊重个体的差异性，每个幼儿在体验的过程中得到感悟与成长。老师为了让宝贝们深入体验广东童谣，将传统的民谣进行了改编，搬到大舞台上，获得了一致的好评。

广东童谣《落雨大》，是岭南地区家喻户晓的曲目，但是经过君御幼儿园的师生们改编后的表演更有令人耳目一新的感觉。正因如此，这个节目走上了央视的舞台，于 2016 年 6 月 7 日在中央电视台少儿频道七巧板栏目播出。

台上一分钟，台下十年功。老师们和宝贝们的努力换来了良好的节目效果，为大家呈现了一场精彩的视觉盛宴。从孩子们天真的笑脸可以看出幼儿园这种体验式的教育模式真正遵循了孩子的心理发展特点，同时，本土文化与世界文化相交融的表现形式更是体现了海纳百川的博大胸怀。

高明区 2016 年学前教育工作会议

——君御幼儿园办园经验分享

2016 年 11 月 10 日，高明区 2016 年学前教育工作会议在碧桂园幼儿园举行，高明区教育局教育科叶瑞平科长，幼教专干杨雅婷老师、邓丽英老师以及高明区幼儿园园长共 60 余人参加了会议。会议由高明区教育局教育科叶瑞平科长主持。我园周宇园长出席会议并做办园经验分享报告。

周园长分享的主题是《如何办一所让社会满意的幼儿园》。为什么要办幼儿园？办一所什么样的幼儿园？如何办一所让社会满意的幼儿园？这些都是我们学前教育工作者深思的问题。周园长在经验报告中就大家所关注的这些问题和在座的园长进行了探讨。尤其是就如何办一所让社会满意的幼儿园这一个问题进行了经验分享。周园长从管理团队打造，教师队伍建设、幼儿园育人环境、办园特色、园所文化以及管理机制等几大方面进行了深入分享，并借此机会向高明区教育局、荷城街道教育局等各级领导及在座的各位园长一年来对广外佛山君御幼儿园的关注与支持表示感谢，同时邀请大家有机会到幼儿园进行沟通交流，共同将高明幼教事业推上新的台阶。周园长精彩发言赢得在座领导和园长的认可和掌声。

随后，碧桂园幼儿园卫园长做经验分享。随后，邓丽英老师总结高明区前阶段学前教育工作，对前期工作取得的成效给予肯定，同时也提出一些不足与努力方向。

接着，杨雅婷老师对接下来的学前教育工作进行了布置并提出新的要求，就"去小学化""缩减大班额""规范一日活动""提升教师素质修养""严格落实家园共育"等方面做了更详细的规范，让在座园长明确了前行方向。

最后，叶科长在会议总结中向各幼儿园提出，要充分认识学前教育的重要性，说到底，教育是一项良心工程，各位园长要以社会大爱之心为幼儿创造一个适合其身心发展的教育环境，规范幼儿园办园行为，严格贯彻国家、省市教育方针政策，进一步推进我区学前教育整体水平。

广外佛山外校优秀生源基地落户广外佛山君御幼儿园

早春三月，万物复苏。2017 年 3 月 2 日下午，伴着春日的暖阳，我园举行了"广外佛山外校优秀生源基地"揭牌仪式。参加揭牌仪式的有广外佛山外校方建军校长及管理团队，广外佛山君御幼儿园董事长何颖莲女士、周宇园长及全体教师。揭牌仪式由广外佛山外校校长助理项恒鹏主持。

在揭牌仪式上，方建军校长表示：经过长期的考察，认为广外佛山君御幼儿园拥有先进的办园理念，鲜明的办园特色。培养的孩子进入小学后，整体表现出自理能力和规则意识强、性格开朗、视野广阔、情商较高、学习成绩优异等特点，凸显出君御幼儿园优秀的办学模式，优秀生源基地落户君御幼儿园当之无愧。

周园长表示：广外佛山君御幼儿园和广外佛山外校同属广外教育集团，其办学理念一脉相承，君御幼儿园可以做到与佛山外校幼小无缝衔接。今后，我们将继续努力，让广外佛山君御幼儿园成为广外佛山外校优质生源的重要来源地，培养出更多的具有中国情怀、国际视野的世界小公民。

何颖莲董事长、周宇园长、方建军校长一起为基地揭牌。揭牌仪式结束后，周园长带领来宾参观了幼儿园的环境，大家都被幼儿园鲜明的办学特色和活泼灵动的园所文化深深吸引，认为广外佛山君御幼儿园是一所理念先进、管理规范、育人环境舒适、特色鲜明的优质名园，成为优秀生源基地乃众望所归！

广州市荔湾区芳村花园幼儿园一行莅临我园交流学习

幼儿园之间的相互交流是经验共享的重要平台。2017 年 3 月 17 日，广外佛山君御幼儿园迎来了广州市荔湾区芳村花园幼儿园的领导和老师们，两园之间切磋教艺，共促幼教事业的发展。

芳村花园幼儿园的老师们来到环境优美干净的幼儿园，被走廊上的京剧脸谱、剪纸、陶瓷、书法等中国元素及樱花、埃菲尔铁塔、大本钟等东西方国家风情元素深深吸引，这些都有效地搭建起让幼儿认知世界、走向世界的桥梁。大家都赞不绝口，纷纷拿起手机记录这些点滴的美好。

园长助理雷迪为大家分享了优质教育资源的运用与特色办园策略。广外佛山君御幼儿园享有大学品牌优势，利用广东外语外贸大学深厚的文化底蕴和鲜明的国际化特色加强质量建设，经过长期的积累与探索，特色教学成果显著。芳村花园幼儿园园长及老师们纷纷表示我园有别于其他国际化幼儿园，办园特色鲜明。国际文化体验课程立足中国，放眼世界，不仅开阔孩子的视野，还能培养孩子们的中国情怀。

随后，两园的一线教师在座谈会上就功能室环境建设和使用的共性问题进行了激烈的思想碰撞。我园教师围绕环境装饰与活动设计等进行了分享。环境创设是一门艺术，需要教师拥有智慧的双眼、独特的思考、灵巧的双手，带动幼儿一起用心去创造一个民主、和谐、丰富的开放性环境。芳村花园幼儿园的老师们认为整个园所环境的思考有深度，规划有艺术，表现形式多样，研究深入，不管哪一样材料，都能看到老师与幼儿的心灵手巧及老师研究的深入。随后，两园的老师们对活动设计进行研讨，芳村花园幼儿园的老师们饶有兴趣地深入班级参观我园区域的设置。

感谢芳村花园幼儿园雷园长赠予我们"育阳光学子，创优质名园"牌匾，走出去收获经验，请进来共享成果。两所幼儿园的老师们在真诚而热烈的交流中，不仅让我园的特色教育得到了推广，同时也迸发出智慧的火花，互鉴互学，共同进步。

广外佛山君御幼儿园圆满完成区一级幼儿园评估工作

为了提升办园质量和水平，广外佛山君御幼儿园自 2016 年起就正式启动创建区一级幼儿园的工作，创建工作得到上级教育主管部门悉心指导和公司领导的高度重视。幼儿园创建团队认真研究并制定方案，严格按照《广东省幼儿园督导评估方案》逐项进行自查自评。周宇园长对评估进行了顶层设计，在幼儿园全体教职工的通力合作下，以评促建，幼儿园进行了环境创设、课程研讨、教师队伍建设，园容园貌焕然一新，全方位地提升了幼儿园整体实力。

2017 年 5 月 9 日至 10 日，高明区政府教育督导室组织评估组专家来园，进行了为期两天的区一级幼儿园的考察评估工作。评估组专家通过查阅资料，巡视园舍环境、设施设备，召开教师、家长座谈会，观察幼儿半日活动情况等，对我园的各项工作给予了充分肯定，认为我园是一所办园理念先进、家长满意度高、师资力量雄厚、设施设备完善、特色鲜明的优质名园。

我园区一级幼儿园评估已顺利完成并得到上级领导的高度赞扬，为此，我们要真诚感谢上级教育主管部门领导、评估组专家、公司领导、全体家长及教职工的支持！接下来我们会按照评估专家组建议，加快推进市一级园评估工作。国信控股总裁梁鸣先生表示：公司坚持用精品意识打造幼儿园，借助广外先进的教育理念，内强素质，外塑形象，力求树立幼儿教育的标杆。周宇园长表示：我园将以本次评估工作为契机，继续创新发展理念，不断优化办学条件，办一所特色鲜明的优质名园。

君御幼儿园师生精彩亮相佛山电视台高明频道开播晚会

2017 年 5 月 20 日晚，"520·非一般的高明"佛山高明频道开播庆祝晚会在高明影剧院盛大开幕，开启高明频道新征程。本次活动由高明电视台主持人麦华乐、陈佳铭、麦家豪、林美婷、王禹均、杜婉瑜主持，活动邀请了广东歌舞剧院国家一级演员唐彪、广东歌舞剧青年歌唱家李思音，还有广州本土明星东山少爷廖寰。我园有幸作为全场唯一一所接到邀请登台表演的幼儿园，孩子和老师们都觉得倍感自豪。

《落雨大》是广东粤语地区代代相传的童谣，描绘的是下雨天水浸街道的场景，充满了童言童语童趣。孩子们在台上的一张张笑脸和丰富的舞台表现力，赢得全场的一致好评，场下传来了观众的阵阵喝彩。

为了更好地展现广东童谣的魅力，把最好的舞台效果呈献给观众，老师和孩子们不怕苦不怕累，一次次的精益求精，一次次的辛勤汗水，一次次的刻苦排练，最后收获成功的喜悦，没有比拥有这样的集体更幸福的事情了。

以课题凝特色 以科研促发展

——热烈祝贺我园"十三五"规划课题迈向新阶段

我园根据"十三五"规划课题研究总要求以及本幼儿园的实际，设立《幼儿园开展国际文化体验的实践研究——以广东外语外贸大学附设佛山市高明区君御海城幼儿园为例》课题。本学期，我园顺利召开开题报告会，并邀请了教研室专家参加指导。

报告会上，周园长首先从课题提出的背景、理论依据、研究目标、研究内容和研究方法等方面做了详细的阐述，具体分析了幼儿园开展本课题研究的优势和拟创新点，阐明了开展课题研究的理论意义和实际意义。接着，各位专家对开题报告做了认真地评析，肯定了我园对待课题的认真负责和科学求实的态度，同时也提出了几点建议，希望我园可以通过课题的研究，凝练园本教材，形成科学的课程体系，作为我园的园本特色。为了保证课题顺利开展和进行，专家们还指出了课题存在的具体问题和实施建议，让我们更加明确了课题的研究重点和难点。

整个报告会气氛热烈，专家的精彩点拨使我园明白了开题报告文本撰写的严谨性和规范化，避免研究误区，理清研究思路。更使得课题组成员进一步明确了课题研究的目标定位、研究的内容，增强了教师的科研意识，切实推动了幼儿园教育科研工作的发展，使幼儿园的教科研工作更规范，思路更清晰，方向更明确。

君御幼儿园萌娃参加高明少儿才艺大赛成功晋级

2017 年 7 月 21 日，君御幼儿园选送的舞蹈《印度媚娘》参加高明区少儿才艺大赛成功晋级。

高明区少儿才艺大赛由区文化体育局和荷城街道办事处主办，高明区文化馆、荷城街道教育局、荷城街道文化站和佛山市湾仔渔村餐饮有限公司承办。本次大赛主要是搭建少儿艺术交流互动的平台，为高明区选拔艺术人才。获奖选手将获颁奖杯或证书，并有机会在各种大型演出盛会上表演，一展风采。

君御幼儿园的宋明钰、刘芷晴、李坤怜、周子媛、颜子琪、冯思琪、陈柏合等 7 名小朋友积极报名参加比赛，赛前进行了充分的准备，表演过程中，无论是表情、服装、舞蹈编排，还是舞台表现力都获得了专家评委们的一致好评，成功进入下一轮的比拼。

广外佛山君御幼儿园荣获荷城街道幼儿园环境创设"特等奖"，50 多名园长及骨干教师莅临我园参观学习

2017 年 12 月 21 日—22 日，荷城街道教育局组织各所幼儿园开展了"2017 年幼儿园环境创设评比"活动，我园全体教职工头脑风暴后，撸起袖子加油布置幼儿园环境，荣获本次环境创设评比活动的"特等奖"。2018 年 1 月 5 日下午，荷城街道教育局组织 50 多名园长及骨干教师莅临我园参观学习。

在幼儿园的教育活动中，环境作为一种"隐性课程"，能开发幼儿智

力，促进幼儿个性发展，是幼儿教育的重要资源。为了进一步深入"环境育人"的理念，突显班级主题研究特色，我园从开学伊始就打造彰显我园"国际文化体验"特色的园所环境。

我园根据育人目标，大胆创新，结合本班幼儿年龄特点和主题活动，并随着季节的变化，创设与教育相吻合的环境，使孩子从环境中获得知识和教育。

两侧的楼梯间，一边是国际文化的展示，另一边则是中国文化的陈设，既能看到孩子们学习生活的剪影，还能了解不同地方的文化。每一个角落都是我们的课室，做到学习无边界。

本学期，我园的国际文化展厅正式投入使用，里面13个国家不同风格元素的陈列，让老师们惊叹连连，并表示走进国际文化展厅，就好像去了一趟环球旅行，既可以了解到不同国家的特色，又可以亲身感受中西文化的差异，不出国门，看遍世界，感受到广外幼儿园有别于其他国际幼儿园，不仅仅学习语言，还可以切身体验不同国家的风土人情。

热烈祝贺我园成为佛山科学技术学院教学实习基地

2018年3月29日，佛山市科学技术学院蒋家傅院长率领学院领导班子来到我园举行"教学实习基地"揭牌仪式，我园何颖莲董事长、周宇园长、雷迪副园长以及佛山外校方建军校长参与揭牌仪式。

佛山科学技术学院学前教育专业以培养德、智、体、美全面发展，具有高尚的职业道德、扎实的文化基础知识和较高的人文艺术素养的幼儿教师为目标，所培养学生的综合能力在同等类别院校中脱颖而出。蒋院长非常认同我园的办园理念。我园先进的办园理念和科学的实践培训是一个很好的实习基地，可充分锻炼实习生的实操能力，为将来的学前教育工作打下坚实的基础。

周宇园长表示，教育见习是师范学生的综合实践课程，希望双方在以后加强合作，让实习生来我园实习后综合能力得到提高，学以致用，回报学校，回报社会；希望双方今后以基地为平台，深入加强交流合作，实现双赢，共同培育更多的学前教育专业优秀人才。蒋家傅院长表示我园为该校学前教育专业的学生提供了一个研究、学习、实践的平台。感谢佛山科学技术学院领导和教师对我园的充分认可和高度评价！

热烈祝贺我园周宇园长荣获"桃李三十载，佛山幼教人"十大杰出人物称号

就在举国欢庆为祖国妈妈贺生日的大喜日子里，广外佛山君御也传来大喜讯。我园周宇园长荣获"桃李三十载，佛山幼教人"十大杰出人物称号！

在祖国的幼教前线，有一批幼教工作者，她们坚持从事幼教工作数十年，爱岗敬业，对幼教事业做出了突出贡献。为了表彰这一批辛勤的园丁，佛山市民办教育协会携手佛山电台举办"桃李三十载，佛山幼教人"杰出人物评选活动。跨时代领略她们"桃李三十载"的风采，认可她们在幼教路上的付出，授予她们里程碑式的奖项，树立优秀幼教模范，引领佛山幼教事业走向新高度。

周宇园长从事幼儿教育工作 30 多年，曾担任解放军总后勤部军事经济学院幼儿园园长。以高度的责任感和强烈的事业心，在教育和管理中形成了自己独特的管理风格，在其带领下，广外幼儿园于 2016 年 9 月通过广州市一级幼儿园的评估，发展成为管理规范、特色鲜明、具有较强影响力的幼儿园，受到幼教同行、家长和社会各界的好评，并引起媒体的关注。2015 年，受广东外语外贸大学教育集团委派，担任品牌输出的首家幼儿园的园长，正式成为广外幼儿园总园长。

她是孩子们喜爱的园长妈妈，是老师们尊敬的人生导师，是家长们信任的忠实朋友，她是改革开放以来中国幼教的践行者，她用 30 年的青春年华，默默耕耘，一路芬芳，以一方柔弱的肩膀挑起广外幼教的金字招牌，谱写了一曲不凡的幼教人之歌。

周宇园长，怀揣着对幼教事业的一片赤诚坚守梦想 30 年，从未忘记自己的教育初心，获此殊荣，实至名归。

激动人心的颁奖盛典于 2018 年 9 月 28 日在佛山市中欧中心国际会议中心举行，并通过网络进行全球直播。让我们直击会场，共同感受这份来自幼教职业的自豪和骄傲。

周宇园长在接受记者采访和发表获奖感言时都深情地说到："虽然今天我走上这个领奖台，但这份荣誉并不属于我个人，它属于我的团队，没有他们的通力合作，也就不可能实现广外佛山君御幼儿园优质名园目标，也不可能成就我十大杰出园长的称号；荣誉也属于我们的家长，是他们对我们幼儿园理念的认可，才放心将孩子交给我们培养，才有了我们事业的蓬

勃发展；更属于整个幼教界，是她们挥洒着青春守护着祖国的幼苗，这份荣誉是对我们幼教职业最好的肯定。我将以今天作为新的起点，在幼教之路上开启新的征程。"

祝贺我园雷迪副园长荣获高明区园长德育能力大赛特等奖

为深入贯彻习近平新时代中国特色社会主义思想和党的十九大精神，落实教育部有关要求，加强幼儿园园长德育能力建设，搭建园长德育学习和交流平台，建设高素质幼儿园园长队伍，高明区于 2018 年 10 月 26 日至 27 日，举办首届幼儿园园长德育能力大赛。

德育能力大赛为期两天，设有书面测试、德育故事叙述、案例分析和德育主题活动设计四个项目。高明区总共有 12 位幼儿园园长参加本次德育能力大赛。祝贺我园雷迪副园长在两天激烈的比赛中脱颖而出，喜获佳绩，获得总分第一和书面测试一等奖的好成绩！接下来雷园长将代表高明区参加佛山市的幼儿园园长德育能力大赛！

10 月 27 日上午的比赛项目是德育故事叙述、案例分析和德育主题活动设计三个项目，在规定的时间内，选手们根据所抽背景材料回答各项问题，并在规定时间内回答评委的现场提问。面对众多评委和观赛者，我园雷迪园长作答思路清晰，紧扣主题，对答如流，充分体现了园长的德育素养能力。

赛后，高明区教育局教育科科长刘海洪女士和高明区教科培中心科研部主任、广东省中小学名班主任刘洁贞工作室主持人刘洁贞女士，进行点评，总结选手表现，给予高度的赞赏。

通过比赛，体现了高明区幼儿园园长的整体素质和专业水平，同时也促进了高明区全面建设一支师德高尚、业务精良的幼儿园管理队伍，共同努力做好学前教育事业。

热烈祝贺我园雷迪副园长荣获佛山市首届园长德育能力大赛特等奖

为深入贯彻习近平新时代中国特色社会主义思想和党的十九大精神，落实教育部有关要求，加强幼儿园园长德育能力建设，搭建园长德育学习和交流平台，建设高素质幼儿园园长队伍，佛山市教育局举办了首届佛山市幼儿园园长德育能力大赛。大赛为期两天，共有来自高明区、顺德区、三水区、南海区、禅城区的 20 位幼儿园园长参加，设有书面测试、德育故事叙述、案例分析和德育主题活动设计四个项目。我园雷迪副园长代表高明区参赛，在两天激烈的比赛中脱颖而出，喜获佳绩，获得综合素质特等奖，个人故事叙述单项冠军。接下来雷园长将代表佛山市参加广东省幼儿园园长德育能力大赛！

11月9日下午比赛项目是书面测试，11月10日上午比赛项目是德育故事叙述、案例分析和德育主题活动设计三个项目，我园雷迪副园长在两天激烈紧张的比赛中作答思路清晰，紧扣主题，对答如流，充分体现了园长的德育素养。

园长的德育能力直接影响着幼儿园德育建设的发展，幼儿的德育教育将对幼儿的行为习惯和健全人格的形成产生积极的影响。通过这次比赛，极大地促进了园长自身德育能力的提高，这对于推动整个佛山幼教事业来说具有积极且深远的意义！让我们共同期待雷迪副园长在广东省幼儿园园长德育能力大赛中再获佳绩！

江门论剑力拔头筹

——祝贺雷迪副园长获得广东省幼儿园园长德育能力大赛"总冠军"

为加强我省幼儿园园长德育能力建设，搭建园长德育学习和交流平台，提升幼儿园"以德为先"的办学理念，建设高素质幼儿园园长队伍，由广东省教育厅主办，江门市教育局、江门市幼儿师范学校承办，江门职业技术学院协办的首届广东省幼儿园园长德育能力大赛于12月7—9日在江门职业技术学院举行，在全省21个地市分赛场胜出的44名幼儿园园长齐聚江门"论剑"。

我园雷迪副园长代表佛山市参赛，获主题活动设计、案例分析"一等奖"，获综合素质"一等奖"，总分居全省"第一名"的佳绩。

雷迪副园长在大赛的各个环节中表现突出。德育活动设计面对教师职业"倦怠期"，雷副园长设计的方案思路清晰，可行性强；案例分析有效运用《指南》和《规程》等指导性文件精神及幼儿教育学、心理学等学科知识，紧扣主题、理念先进、对策恰当；在德育故事叙述环节中，雷迪副园长声情并茂地讲述幼儿园毕业典礼背后的"感恩"教育，难以忘怀的德育故事，充分展现了园长的教育机智以及深远的教育理念。

广东省教育厅、江门市教育局、华南师范大学学前教育等单位专家评委对首届广东省幼儿园园长德育能力大赛进行了总结。

祝贺雷迪副园长代表佛山幼教再创佳绩！本次大赛充分展现了她独特的人格魅力，扎实深厚的理论功底，灵活机智的应变能力和严谨细致的管理能力，不仅彰显了广外佛山君御幼儿园园长扎实的专业素养和高水平的德育能力，同时为佛山幼教贡献智慧和力量。

才华无限，艺展风采

——祝贺老师们取得优异成绩

为了丰富职工的业余文化生活，促进职工工作的全面发展，提高集团职工队伍的专业技能和综合素质，国信控股集团特举办第十届职工才艺表演大赛。为迎接本次大赛，我园教师们利用休息时间排练节目，尽全力迎比赛。

2018 年 12 月 27 日，国信控股集团于广外佛外富湾校区举行了"魅力国信，展翅飞翔"第十届职工才艺大赛决赛，展现职工的精神风貌，发掘优秀人才！

经过老师们的努力，参赛作品朗诵《我有一个强大的祖国》获得三等奖，团体舞蹈《洗衣歌》获得二等奖的优异成绩。

优异成绩的取得离不开领导的高度重视和大力支持，也离不开指导老师的辛勤付出，更离不开老师们的积极参与和家长们的全力支持配合。正因为有了所有人的齐心协力，辛苦付出，君御幼儿园才能在稳步向前的同时，喜讯频传，华丽绽放！

广外佛山君御幼儿园荣获三项大奖

一

环境是重要的教育资源，就像是一位会说话的老师。幼儿园的环境创设更是作为一种"隐性课程"，在开发幼儿智力、促进幼儿个性发展等方面具有不可低估的教育作用。幼儿的成长离不开环境，环境对幼儿发展的影响是极其深远的。

2018 年 12 月 27 日，荷城街道教育局组织高明区荷城街道各所幼儿园开展"2018 年幼儿园环境创设评比"活动；我园喜获荷城街道幼儿园环境评比"一等奖"。

雷副园长携行政领导班子带领大家参观了幼儿园，行政领导班子及教师带领评比人员对幼儿园环境创设进行讲解，园长及教师们对我园环境和教育有机结合的教育理念给予高度评价。

一分耕耘一分收获，优美丰富的幼儿园环境创设离不开全体教职工的辛勤付出。我园会以本次活动为契机，努力创设更加优美的育人环境，继续建立符合幼儿身心成长特点以及具有幼儿园教育特色的环境。

二

美好的故事启迪心灵，睿智的故事传承智慧，风趣的故事愉悦身心，深奥的故事激荡思维。故事是激发幼儿想象力的最好教材，同时能浇灌最基本却非常重要的价值观，引领孩子们始终保持一颗纯洁而充满希望的心。为提高高明区幼儿教师的综合素养，增强教师对语言的感受，促进教师在语言教学专业的道路上快速成长，2018 年 12 月 29 日，高明区荷城街道幼儿教师故事大赛在高明区机关幼儿园举行，此次比赛我园廖依婷教师荣获"一等奖"的佳绩。

比赛中，廖老师对故事《猴王吃西瓜》进行了演绎，她富有童趣而又生动的语言、恰到好处的肢体动作、抑扬顿挫的语调，把故事演绎得惟妙惟肖，获得评委的一致好评。

三

为了切实提高青年教师专业技能，促进青年教师的迅速成长，为打造高标准、高素质的幼师队伍奠定基础，2019 年 1 月 15 日下午佛山市高明区幼教开展了青年教师绘画比赛活动，活动参照幼儿教师基本功考试要求，分为绘本图画临摹上色、主题绘画两个环节，采取规定时间、现场出题和现场作画的形式进行，考验参赛者的扎实基本功和创意。我园谢丽仪教师荣获"二等奖"的佳绩。

有人说："台上一分钟，台下十年功。"这话形容得十分贴切，所有的技能都不是一朝一夕就能呈现它的美和独特的！它需要我们不断地付出和坚持！为君御的老师喝彩！为坚持自己梦想的人喝彩！

深深广外情，互助一家亲

——热烈祝贺广外英语教育学院大学生校外实习基地落户广外佛山君御幼儿园

学院介绍

广外英语教育学院成立于 2005 年 5 月，学院以大学英语教学为根本立足点，以英语教育专业教学为发展增长点，践履"国际化、校本化、个性化、人性化、立体化"的教学理念，凸显分级分类教学、基于网络的英语教学、专门用途英语（ESP）教学、英语第二课堂、教师专业发展、学科层次提升等六大特色与优势。学院拥有强大的教育学专家阵容，80% 的教师具有国外学位或国外进修学习经历。学院积极推进教育国际化战略。至2017 年底，学院已与美国的肖尼州立大学、乔治福克斯大学、南卡罗纳上州大学，澳洲的迪肯大学以及芬兰的坦佩雷大学等建立了合作关系，开展科研合作、教师派出、学生交换、本科或硕士双学位联合培养、本硕连读培养，以及联合举办学术会议等合作项目。现有的合作项目有本科生交换项目、2+2 双学位项目、本科生单向派出项目、本科生海外实习项目、硕士联合培养项目等。本科生在大学期间的出国出境学习比例超过 12%。

　　广外佛山君御幼儿园依托广东外语外贸大学殷实的品牌影响力以及雄厚且优质的教育资源，经过 4 年的不懈努力，向社会展示了一级办园水平。2019 年，我们迎来了幼儿园第二个崛起计划年，力求将广外教育的优质资源效益更大化，为高明的学前教育提供更多元化的服务和教育成效，为此，我园揭开了国际化办学的新篇章，2019 年秋，全英国际班正式开办。

　　在此关键时刻，我们迎来了广外英语教育学院关切的指导。2019 年 5 月 10 日上午，广外英语教育学院院长董金伟、学院副书记骆银花、基础教学中心主任江健博士一行三人莅临广外佛山君御幼儿园考察指导，并将广外英语教育学院大学生校外实习基地落户广外佛山君御幼儿园，在全园师生的共同见证下，举行了简单而隆重的签约仪式。

　　在周宇园长的带领下，董金伟院长一行参观了幼儿园的园容园貌。董院长表示，参观完幼儿园后，内心的感觉可以用震撼二字来形容。国际化办园不仅仅是语言国际化，更应该让孩子体验到多国文化，为日后走向世界埋下一颗眼界宽广，胸怀博大的中国心。

　　参观完毕，大家齐聚君御幼儿园会议室，开展了主题为如何设置国际班课程的研讨会。

　　首先，由我园保教主任邱晓静对国际班的课程设置做了简要介绍。课程的设置不脱离《幼儿园教育指导纲要》和《3 ～ 6 岁儿童学习与发展指南》的核心思想，充分尊重幼儿的生理与心理特点，以情商教育、品格教育、创新思维和感受多元文化为课程架构，以体验式的教学模式，注重一日生活环节渗透教育，以五大领域教学内容为基点，提炼出与中文内容相互衔接且具有相对层次性的教育教学内容。

　　听了我们的介绍，董金伟院长充分肯定我们的课程设置思路，并提出许多建设性的建议。董院长强调，幼儿学习英语不用太过强调全英环境，根据幼儿学习语言的特点，两种语言的交融是适宜且并不冲突的。同时，对于师资的培养除了注重其英语水平与技能，更应该关注其教育素养，不能因为学习英语而抹杀了儿童本身的学习兴趣和好奇心理，要以培养兴趣为主。而这一点也与我们体验式和渗透式教学理念相契合。

　　几位专家都纷纷表示，课程的设置不能脱离了实践的支撑，在日常教学中不断研讨，不断提炼，才能不断完善。

　　本次签约仪式暨广外佛山君御幼儿园国际班课程研讨会的圆满成功为我园的国际化办学注入了能量。我们不仅可以享受来自广外英语教育学院强大的教育学专家的专业指导，还可以为我园日后的国际化办学提供强有力的师资资源。我们有理由相信，在广外教育的支持和引领下，我园的国际化办学水平即将迈上新台阶，在此，衷心感谢广外英语教育学院的关切与指导，我们将怀揣着广外人的教育梦想，不忘初心，砥砺前行。

热烈祝贺我园胡园园老师荣获佛山市高明区第二届幼儿园青年教师教学能力大赛综合特等奖

喜报

热烈祝贺我园胡园园老师荣获佛山市高明区第二届幼儿园青年教师"教学能力大赛"点评项目"第一名"及综合"特等奖"。

为贯彻落实佛教基〔2019〕文件精神，结合我区实际，为提升我区幼儿园青年教师专业水平，夯实青年教师教学技能，2019年9月28日上午，在荷城街道西江新城一小举办了佛山市高明区第二届幼儿园青年教师"教学能力大赛"。

本次大赛共有说课、点评、答辩、才艺展示四个环节，参赛选手进行现场抽题独立完成比赛。胡园园老师代表我园参加了本次比赛，她以扎实的专业技能和创新的教育智慧荣获优异的成绩。下面，跟随小编一起回顾胡老师精彩的比赛现场吧……

说课

胡老师紧扣《纲要》和《指南》，对教学内容分析到位，逻辑清晰，符合幼儿认知的特点和规律，教学环节设计科学合理充分贯彻落实《指南》精神。

点评

参赛教师观看一个教育活动视频后，进行现场点评。胡老师结合《指南》与自身扎实的教学技能对活动进行了精彩的点评，获得现场评委的高度评价，并获得此单项比赛"一等奖"。

答辩

参赛教师现场抽取题目进行答辩，胡老师运用《纲要》与儿童心理学和教育学展开精辟的分析。

才艺展示

优美的舞姿，动听的音乐，胡老师为我们献上了一场美轮美奂的视觉盛宴，赢得现场阵阵掌声。

祝贺胡园园老师通过自身扎实的基本功和坚持不懈的努力付出获得优

异的成绩。依据我园三年发展规划，青年教师培养机制与方针，我园会在专业技能、理论学习等方面鼓励和培养青年教师自我成长，希望未来有更多的青年教师获得更多优异的成绩。我园将以此次大赛为契机，继续不断提高教师的专业素养和技能，为开创新的局面而努力！

第二节　家园共育

家庭教育是教育的重要部分，家长是我们重要的教育合作伙伴。

而我们的办学初衷就是为了服务万千家庭，将优质的学前教育带给更多的家庭。所以，家长的口碑的就是检验我们办学效果的有力依据。然而，在办学过程中，难免会有事与愿违之时，在办园初期，有些家长对我们的办园理念不理解，便会提出很多质疑甚至是不满意见。例如：家长们认为让孩子脱了衣服晒太阳是极不尊重孩子的隐私；大班的孩子还不教授写字等，面对诸如此类的问题，我们积极反思幼儿园在组织工作方面是否有疏漏，同时耐心引导家长学习先进的育儿知识，改变其原有的教育观念，更重要的是坚持自我，不因市场需要而改变自己的办学方针。尽管困难重重，但无法阻止我们这群幼教追梦人继续追逐，不因个别质疑的声音而停止教育的脚步。我们坚信，只要我们用心做好每一件事，终有一天，孩子的成长便是我们最好的答复。而事实证明，经过我们不懈努力，我们的办学效果得到了家长的高度认可。

案例：毕业典礼前夕，我们发出通知，告诉家长，毕业典礼上没有文艺表演，主要进行几项仪式，和家长一起回顾孩子在园的三年成长，同时要求家长按晚会要求着装。消息一出，很多家长认为没有表演观看，也就没什么兴趣参加了，而且还要特意准备衣服，实在麻烦，还有一些中小班的家长认为毕业典礼与自己的孩子无关，也不参加了。见此情况，我们发出了《关于毕业典礼告家长书》：大班幼儿是毕业典礼中的主体，理应占据仪式核心，以突出典礼是为其举行的象征意义。授予毕业证书象征着大班幼儿顺利完成幼儿园学业，是对其学习与表现的肯定。对于大班幼儿来说，亲手接过毕业证书所蕴涵的意义绝非一般，这是每个孩子非常重要的人生时刻与成长记忆，而且毕业典礼也是对孩子们进行感恩教育的最好时机。而表演仅是毕业典礼的流程之一，表演本身并非目的。

毕业典礼的日子到了，没有高大上的舞台，没有绚烂的灯光，也没有五彩斑斓的服饰，只有庄严肃穆的音乐和一张张懂事的面孔。可是令我很意外的是礼堂里 400 个座位无一虚席，而且平时参加活动时吵吵闹闹的家长今天晚上却异常的安静。可能是现场庄严肃穆的气氛感染到了他们，全场每一个人都安安静静地去感受每一个仪式。当园长妈妈为孩子们拨流苏的时候，孩子们都能深深的鞠躬感谢；当主持人念到孩子们名字的时候，他们都昂首挺胸自豪地迈上舞台，双手接过证书；当孩子们互赠礼物时，他们都紧紧拥抱对方，感谢伙伴一直的陪伴与成长；当孩子们感恩父母时，深深的鞠躬无不令父母热泪盈眶。每一个仪式我们都是那么认真严肃地去对待，在场的家长都被孩子们懂礼知礼的表现所感动了。

活动结束后，打开手机铺天盖地的来自家长的信息，他们都说谢谢幼儿园给了孩子们一个充满仪式感的毕业典礼。是的，孩子们在幼儿园有其他的机会可以进行文艺展示，而我们经常说的感恩教育也并非一句口号，而是要通过这些活动作为载体，让孩子在庄严的仪式中去感受感恩的内涵。我们的初衷就是要给孩子留下一份珍贵的童年记忆，让他们每一次回想起毕业典礼时都充满了感恩之心，怀念之情，我想这就足够了。

我们的家长会，你希望孩子成为什么样的人

家长是幼儿的第一任教师，也是幼儿教育的重要力量。为使孩子们尽快适应幼儿园生活以及帮助家长树立正确的育儿观，密切家园联系，提高教育合力，广外佛山君御幼儿园于 2017 年 2 月 23 日召开了家长会。

天气虽冷，但是会场依然充满热情，我们大部分的家长还是准时出席今晚的家长会，这说明家长们是非常重视本次会议，也非常关注孩子的教育问题。开会前老师带领家长们做热身运动，令全体家长情绪高涨，与寒冷的天气形成了鲜明的对比。

园长以多种形式与家长朋友们进行了心与心的交流。从先进的办园理念和育人目标等几个方面出发，引导家长树立正确的育儿观，坚定自己的选择，放心地把孩子交给我们。我园教育教学内容及活动的设置紧紧围绕着办园理念及育人目标，培养一个"懂礼貌、守规则、受欢迎"的高情商孩子离不开家园共育的无缝衔接。园长通过案例分析引导家长懂得身教重于言传的重要性，如果自己懂得尊重、信任、支持、合作的真谛，孩子才会耳濡目染，成为高情商的人。在教育的路上，我们是朋友，我们是伙

伴，我们更是同志，因为我们的目标和愿望是一样的。为了孩子的成长，让我们一起共同完善自我，提升自我。

家长们踊跃地表达自己的想法及育儿心得。

随后，各班老师分别进行了班级家长会，老师对孩子们开学以后的学习、生活表现做了反馈，向家长介绍了本学期的工作重点、教育教学内容与幼儿园活动安排，并针对孩子的特点与共性进行了互动和探讨。

通过游戏，家长们明白了沟通的力量。俗话说："人之相知，贵在沟通。"不仅家长和老师之间需要沟通，孩子与父母也需要良好的沟通，不少家长千方百计为孩子创造学习条件。可是，大多数家长都为孩子提供了什么？孩子们真正需要的又是什么？学习只是为孩子增加各种各样的课程吗？事实上，学习不是孩子一个人的事，沟通对孩子的学习、成长有着重要的作用。家长与老师，尤其要注意尽可能多地与孩子进行及时而必要的沟通与交流，了解孩子的心理状况及学习动态，积极引导孩子健康的成长。家长与老师之间也需要搭建良好的沟通桥梁，更有利于家长理解、支持老师，把家园共育的力量发挥到最大。

在游戏中感悟信任与协作。

小班家长们通过"牵手"游戏知道自己对于孩子成长来说具有指明灯的导向作用。接着探讨 3～4 岁孩子的身心发展特质，了解小班阶段孩子心理特点和行为表现，并针对出现的问题用科学的办法解决，感悟父母拥有科学的育儿知识对孩子的教育是非常重要的。

家长们分享育儿心得。

本次家长会拉近了幼儿园与家长之间的距离，让家长们对幼儿园的管理、教育教学及各类活动的开展有了更深的了解，也明确了教育孩子的方向和重点，实现家园的一致性和协调性，促进幼儿更加和谐全面的发展。一切为了孩子，为了孩子的一切，幼儿园、家长和老师都在不懈地努力着，相信在这样的合力下，广外佛山君御幼儿园的宝贝们定会越来越棒！

聆听专家讲座，启迪育儿智慧，晏秀祥教授为您解密
0～6 岁孩子成长的密码

2017 年 11 月 23 日，儿童心理学专家晏秀祥教授应邀来我园举办《0～6 岁孩子成长的密码》专题讲座。

人生就像一栋大厦，0～6 岁正是孩子打基础的阶段。晏教授首先从

第一阶段（0～1岁）出发，结合母亲孕育到孩子出生的特点，生动地讲述了孩子逐步建立信任并有了新的期待。一个优秀的母亲会从孩子的哭声中了解若干需求，晏教授分析了家长与孩子相处的三种方式：无条件满足型、极端抑制型和规律性满足型，并根据实例分析了不同类型的方式对孩子的影响。其次，晏教授从孩子成长的第二阶段（1～3岁）出发，剖析了孩子自主性与疑虑的心理。最后晏教授深入探讨了第三阶段（3～6岁）孩子成长的秘密——主动性与内疚。

最后的提问时间，家长们都抓住这个难得的机会，积极地和晏教授互动。晏教授深入浅出的讲座让大家走进孩子的内心世界，明白孩子的行为所传递的信息，感悟到在陪伴孩子的过程中还需要有更科学的育儿知识和方法让孩子健康成长，在保护孩子天性的同时正确地引导孩子，家长们都觉得受益匪浅，讲座结束后还兴趣盎然地围绕讲座话题深入探讨。我园将根据大家关注的焦点不定期地举办更多的讲座。

感谢晏教授百忙之中接受周园长的邀请莅临我园召开家长学校讲座，也谢谢各位家长在寒冷的风雨夜克服困难到我园参加家长学校讲座。每一次的讲座，都是一次宝贵的经验分享；每一次的分享，都是一次成长。让我们一起关注孩子成长的关键期，携手共促幼儿健康成长！

什么，超人妈妈来到了君御幼儿园？

是的，"超人妈妈"来到了君御幼儿园。为什么会叫"超人妈妈"呢？因为啊，她们为了让宝贝们能够有健康体魄，能够吃上健康的烘焙食物，利用私人时间学习和研究烘焙，将一个个漂亮而健康的食物呈现给了自己的宝贝。这一次，她们个个大显身手，各有各的秘诀和配方，把美味又好吃的蛋糕献给四月份生日的孩子们，她们不仅当起了老师们的总指导，还当起了"超人妈妈"！你们想知道她们是谁吗？

原来啊，她们是东京之家的琪辉妈妈和伦敦之家的文轩妈妈！你们看！不少家长和老师都被吸引到小厨房学习烘焙蛋糕，家长和老师们不仅虚心学习还当起了好帮手！

这时，老师们迫不及待地"露一手"，学以致用地动手做烘焙蛋糕。制作蛋糕的过程需要非常谨慎，出一点差错蛋糕就很容易失败，不过在"超人妈妈"的指导下，老师们并没有手忙脚乱，而是跟着步骤一步步的踏实的完成，并得到总指导的认可和家长们的夸奖！

第三个蛋糕也完成了，这是老师们在"超人妈妈"的帮助下制作的巧克力蛋糕！瞧，君御的美女老师都是潜力股哦！你们看，我们这次活动的主角，可爱的寿星们出来啰！妈妈们都对自己的宝贝送出祝福，寿星们也在妈妈面前勇敢地表达爱！说出了"妈妈辛苦了""妈妈我爱你"的话，瞬间融化了许多妈妈的心！

一群可爱的寿星们等不及了，一个个迫不及待的吹蜡烛，想快快的吃上"超人妈妈"和老师们做的蛋糕，他们可爱极了！

"超人妈妈"和老师们做的爱心蛋糕，为这一次的生日会带来了满满的爱与祝福的同时，也让孩子们共同体验成长快乐，让所有孩子感受被爱，心中有爱，并学会关爱，学会分享。

致力培养好习惯，打好人生的底色

——广外佛山君御幼儿园家长学校专题讲座

2018 年 1 月 8 日晚上 7:30，我们很荣幸请到了广东外语外贸大学附设佛山外国语学校方建军校长，到我园举办专题为《致力培养好习惯——打好人生的底色》的家长讲座。

阴冷的晚上，寒流夹着细雨，但丝毫阻挡不了爱的脚步，家长们依然怀揣一颗温暖、期待的心准时到达。

雷副园长热情地欢迎了家长们，并隆重介绍了方建军博士，讲座开始前，老师带领家长们先来一个热身，透过互动让彼此心连心。

家长们专注聆听着方博士的分享，仿佛不想错过任何一点信息。

方博士的分享简要：

（1）最好的教育是行为影响，言传大于身教，家长不断进步，孩子便会自然而然地进步。

（2）引导孩子客观分析每一个困难，从自身去分析成功的是与否，正确地认识与足够地坚持，它就会成为习惯。

（3）父母的任务——自我修炼，从合格的父母到优秀的父母。陪伴、引领、放手、守望。

（4）幼小衔接时期重点培养孩子的五大习惯：

①会倾听的能力；

②准确表达的能力；

③会阅读的习惯；

④自己的事自己做的习惯；

⑤学会与人相处的习惯。

分享是快乐的，家长们纷纷踊跃分享自己的育儿历程。

最后，园长妈妈对本次专题讲座进行了小结。鼓励家长们从自身做起，有计划科学地培养孩子的好习惯，做一名"学习型"家长，坚持不懈，让孩子由被动到主动再到自动。

每一次的学习，总能让每一位参与者收获不少。家长们心怀感恩，留下感激之言语，主动协助老师收拾好现场才离开。

再一次感谢家长们对我们的信任与赞赏，感谢方博士的用心分享，在传播大爱的教育路上，我们并不孤单。愿我们家园携手同育，助力幼儿成为一个成功、幸福的人！

走进幼儿园，走近孩子

——广外君御幼儿园家长开放日活动报道

冬日虽然裹挟着寒意，但广外佛山君御幼儿园内却是热火朝天。原来，这里正在进行家长开放日活动，孩子和家长们已经期待这个时刻很久很久啦！

家长开放日是家园联系的主要途径之一，能让家长更好地了解孩子在幼儿园的学习与生活，建立一个良好的幼儿成长平台，展现我园的办园理念，让家长了解幼儿园的教学方式、生活动态，从而更好地发挥家园共育的作用！我园分年级组进行为期一周的家长开放日活动，半日活动包括幼儿园以集体与分组相结合的形式开展的特色活动、外教英语活动、课间操、户外活动。让我们一起来感受孩子们的快乐生活吧！

创意美术手工课程，为孩子们插上想象和创意的翅膀，充分发挥出每个孩子的艺术潜能。和妈妈一起制作作品，将美感和技法转变成轻松有趣的体验，使孩子们获得自由真实的原始艺术表达，激发了孩子的想象力、创造力和观察力。

本次活动，教师们以集体/分组教学活动、家长助教活动、室内区域自选活动、户外区域自选活动等丰富多彩的活动形式，向家长展示了幼儿在园的学习生活状况。教师们充分发挥个人能力，以生动的语言、丰富的肢体动作、灵活多变的多媒体课件等引导幼儿观察、猜测、模仿、探索。

在英语教学活动中，孩子们兴趣盎然，自由而有序地进行着探索和学习，使自由、自主、创造、愉悦的精神在活动中得以充分体现。家长们认真观看孩子的表现，时而被孩子们的趣味答案逗笑，时而为孩子们的机灵聪明鼓掌。

"爸爸妈妈，快看我！我和伙伴们正表演英语戏剧，我扮演魔术猫。""我扮演小白猫""我扮演火车猫""我扮演……"赶快拿出手机，用镜头留住孩子美好的瞬间！

早操环节小朋友们个个精神抖擞，每一位家长都十分投入，在活动中我们看到了孩子们积极向上的状态，也感受到属于孩子特有的那份纯真与快乐……

各班老师根据幼儿年龄特点，安排了丰富多彩的集体户外活动和亲子游戏，新颖、有趣的活动设计激发了孩子们的兴趣，也使家长感受到了孩子们的快乐。

欢乐的时光总是短暂的，但留给孩子和家长们的回忆却是美好、回味无穷的。在活动中小朋友表现得都很棒，就连刚入园的小班弟弟妹妹都好像瞬间长大了似的。本次家长开放日活动，是家长、老师、幼儿之间的一次亲密接触，不仅让家长们了解到孩子在幼儿园的表现，同时也增进了家园之间的沟通力度，拉近了幼儿园与家长的距离，为家园共育搭建起了交流的平台，同时对教师的教育教学态度、师德等方面进行了客观评价，为幼儿园以后工作的开展奠定了良好的基础。让我们不断完善，做得更好，共同促进孩子健康、快乐、自信地成长！

再次感谢家长们的支持与配合，因为你们的支持与配合，幼儿园的工作才能越做越好。

大班的哥哥姐姐即将踏入小学的校门，爸爸妈妈自是摩拳擦掌，准备和宝贝一起迎接这一重要的人生时刻。据国家教委进行的"幼小衔接"研究表明，由于小学生活与幼儿园生活有着很大的不同，超过60%的孩子入学后存在学习适应性严重不足的问题：不适应正规的学校教育；不适应相对紧张的学习环境；不适应跟老师、同学的相互配合、相互合作；不适应学校在学习习惯和思维习惯等方面的要求；等等。由此看出，幼小衔接很重要。

教育是个系统工程，由幼儿园、家庭和社会三方面共同组成，三者之间互相渗透，互相联系，幼儿的年龄特点决定了影响其发展最主要的是幼儿园和家庭，而家长和教师分别是这两大环境的施教者，家长虽然不是专业的教育工作者，但是对孩子身体力行的教育和耳濡目染的影响，却远胜于老师。家庭教育虽然没有幼儿园教育的系统与规范，但是却占据了教育对象的起点，决定了孩子真善美价值观的原始取向。因此只有二者紧密结合，做到教育的一致性、连续性和互补性，才能为孩子创造更好的教育环境。

1+1 > 2 广外佛山君御幼儿园 2019 年春季家长委员会顺利召开

《幼儿园教育指导纲要》指出："幼儿园应与家庭、社区密切配合，综合利用各种教育资源，共同为幼儿的发展创设良好的条件。"家庭是幼儿园重要的合作伙伴，家园共育已成为广大幼教工作者和家长的共识。为了更加突出家长委员会在幼儿园管理过程中的实际作用，有效开展家委工作，2019 年 3 月 14 日下午，我园召开了 2019 年春季家委会、伙委会会议。

周园长首先介绍了本学期新生班级的家委代表和伙委代表，欢迎他们加入广外佛山君御幼儿园家长委员会。

雷迪副园长向大家汇报了上一年幼儿园的家长工作开展情况，主要有几点：一是加强教师家教指导能力；二是利用各类网络平台做好家园沟通工作；三是开展丰富的家园互动活动，促进家长协作；四是利用《家园联系手册》和《家长园地》等途径加强家园沟通。

接下来，由园务委员副会长（华盛顿之家詹铁军）、宣传委员（华盛顿之家简晓彦）、内务委员（北京之家侯春梅）做工作小结。三位家长在工作小结中，除了汇报了各自的工作职责外，更多的是跟大家分享了担任家委的收获，正是因为自己的积极付出，给孩子树立了一个良好的榜样，传递了一份正能量，这是最大的意义所在。

紧接着，由周宇园长向会议提起本年度家委工作计划，并征求各位家委意见。

让我们来看看，周宇园长的工作计划中由哪些关键字眼。

关键词一：正规化、制度化、科学化。这九个字透露出在未来的家长工作中，我园将更加注重家委工作的系统管理和实效。

关键词二：重要举措。在这一条中，周园长提到几个关键点：一是坚持教师培训，提升业务水平，更好地为每个家庭服务；二是坚持体验式的教学模式；三是继续利用各类活动引领家长不断提升育儿水平。

关键词三：创新。周园长提到接下来要创新家长学校工作的开展形式，从最基本的家庭讲座、家长会到班级家长沙龙，还将开辟如线上育儿大讲堂、家长参与教学研讨等新形式。

最后，周园长希望各位家委朋友能一如既往支持和协助幼儿园的各项工作，共同促进孩子健康快乐成长，同步同向产生 1+1 > 2 的家园合力。

就周园长向会议提起的工作计划书，各位家委进行了讨论，并一致通过。

会议的最后一个议程，雷迪副园长带领家长们参观了幼儿园的厨房，并详细介绍了幼儿园厨房的管理工作。参观结束后，家长们试吃了幼儿园的饭餐，切身品尝了孩子们在幼儿园的各种餐点，都纷纷表示，这样丰富美味又安全的餐点让人非常放心。

幼儿园家委犹如一条联系广大家长和幼儿园的纽带，对于幼儿园各项工作的开展，有着协调和促进的作用。家园共育犹如一车两轮，只有同步同向才能产生 1+1 > 2 的合力。家委工作如同给家园共育之车注入了润滑剂，让幼儿园教育与家庭教育能更加和谐统一，从而更好地促进幼儿的全面发展。

七大能力影响孩子一生

——家庭教育讲座圆满结束

播下一个行动，收获一种习惯；

播下一种习惯，收获一种能力。

2019 年 4 月 24 日晚上，由广外佛山君御幼儿园主办的七大能力影响孩子一生——家庭教育讲座顺利举行，全园 300 多名家长和教师共同参加了本次讲座，想知道现场到底发生了什么吗？

接下来，就和小编一起回顾讲座活动现场，为未到达现场的小伙伴传递讲座的精华吧！

余丹老师：星期一教育董事长；全优贝贝联合创始人；广东省早期教育行业协会早教师资培训顾问；水木清园教育科技研究院特聘导师；数百家早幼教机构培训辅导经验，十六年讲课经验，极深厚的专业育儿知识，长期为全国各地的早教中心、幼儿园等做早期教育师资培训、开展家庭教育讲座。

余丹老师讲述了探索与专注、思维与创造、独立与责任、规则与安全、表达与沟通、分享与合作、依恋与共情七大能力对幼儿的影响。

讲座现场，余丹老师除了提到七大能力的重要性与具体实例外，还提到了"映客现象"，鼓励家长们应在孩子幼年时期多陪伴幼儿去体验和实践。有一句话叫"我听了，我会忘记。我看了，我会知道。我做了，我才会理解"。父母是原件，孩子是复印件，原生家庭对孩子的影响尤为重要。改变孩子，首先要改变自己，父母们是否想到了呢？余丹老师指出：讲座只能是唤醒家长，改变需要自己。

在家长们热烈的掌声中，本场讲座圆满结束，家长们表示意犹未尽。

余丹老师的讲座实用接地气，获得现场一致好评。同时，家长们也感恩广外佛山君御幼儿园为他们争取了这样优质的学习机会。

第三节　幼小衔接

让每个孩子遇见更好的自己

——广外佛山君御幼儿园幼小衔接家庭讲座

如何保证教育的一致性，如何让孩子顺利地步入小学，入读小学之前家长该做些什么等问题，大多数家长都是抱有疑惑的。为了帮助家长解除疑惑，让孩子顺利地过渡到小学生活，2019年3月6日我园特邀请广外附设佛山外国语学校副校长——张敏女士为大班的家长举行幼小衔接专题讲座并互动交流。

张敏，英语语言及管理学学士，现任广外附设佛山外国语学校副校长，主持小学部工作。历任英语科组长、英语教研主任、教导主任、副校长，具有丰富的一线教学及基础教育管理经验。

曾多次获全国中小学英语综合能力大赛优秀辅导教师、市优秀家长学校教员、区镇优秀教师、优秀班主任、学校先进工作者等称号；先后主持国家级课题"构建有效的英语愉快教学模式的实践和研究"，区小课题"小学英语课堂主题型教学的应用探究"；论文《用愉快教育理论构建"学会乐"英语课堂》荣获省级核心期刊论文一等奖，《小学英语基础，你打好了吗？》荣获"课程改革与创新教育"论文一等奖，多篇论文在《课程教育研究》《新课程学习》《教育导刊》等杂志上发表；参与编撰校本教参《"愉快教育"理念下的小学全科教学模式集》；先后参加"广东省中小学校长任职资格"培训班、"广东省南海区大沥镇德育校长"高级研修班；广东省考试中心剑桥少儿英语口语考官。

张校长结合自己多年的教育经验，详细阐述了幼儿入学后容易出现的问题、超前学习给孩子带来的危害，详细解读了儿童入学分析表。通过各种生动的案例引导家长从生理、心理及各种能力培养等方面协助孩子走好人生第一步。台下家长听得十分专注，并积极回应了张老师的各种提问，对"幼小衔接"有了重新认识。

随后，莫斯科之家班主任梁老师与家长沟通幼儿在园的幼小衔接活动，希望家园达成一致。

通过此次活动，家长们普遍反应，幼儿园安排这样的讲座正是家长们所期望的，真是受益匪浅。家长们不仅了解了幼儿园与小学的区别，也认识到了孩子在入小学前还应该做哪些准备工作，在教育孩子、对待"幼小衔接"的问题上受到了很大的启发，希望在幼儿园—家长—小学的多方合作下，让孩子们快快乐乐地升入小学。家长们也都表示感谢广外佛山君御幼儿园，感谢张校长给他们带来了真正的教育讲座。

幼小衔接

——走进小学 感悟成长

对于毕业班的孩子而言，小学是一个陌生而又富有诱惑力的地方，而参观小学是我们广外佛山君御幼儿园大班幼小衔接的活动之一，旨在激发幼儿对小学生活及学习的憧憬与向往，减少幼儿对小学的陌生感、神秘感，为适应小学生活做好充分的心理准备。期待已久的幼小衔接活动开始了，2019年3月9日，广外佛山君御幼儿园毕业班的孩子在家长的陪同下，怀着好奇和期盼的心情走进广外佛山外校进行参观交流，真实体验小学的生活。

我们来到美丽的广外佛山外校参观了教学楼，校史馆、益智馆等。

书法是孩子学习美、感受美、实践美的课程，我们体验了广外佛山外校的特色课程之一——书法。随后，我们体验了中华武术，学习了武术礼仪和出拳。小学生活真好玩……我们还参观了哥哥姐姐们的宿舍楼、教学楼。

通过一系列参观活动，不同于幼儿园的校园环境和学习生活，给孩子们留下了深刻的印象。他们通过亲眼观察、亲耳聆听、亲身体验，感受并了解了小学校园生活的无限魅力，更激发了他们对成长的期待和向往。相信不久的将来，他们一定能迈着自信、从容的步伐进入小学，开始新的生活。

科学衔接，同心前行

——广外佛山君御幼儿园大班幼小衔接家长会

每个人在面对新环境、新挑战的时候，都会产生焦虑的情绪。如何做好幼小衔接，让孩子从幼儿园向小学平稳过渡，是父母和孩子需要共同面对的问题。上小学，无疑是孩子又一次重要蜕变，是否能够顺利过渡牵动着老师和家长们的心。其实父母作为家庭教育的主要力量，只要调整好心态，正确看待这一问题并采取适宜的策略，就是对孩子最好的支持！2019年11月6日晚上，我园周宇园长亲自做了讲座，为大班家长们解读幼小衔接中的困惑，召开了一次大班幼小衔接家长会。

周宇园长结合自身多年的教学经验，从小学与幼儿园的差异入手，表示幼小衔接不仅仅是幼儿园的事，还需要家庭、幼儿园、小学、社区多方配合共同完成。为了更好地做好幼小衔接工作，帮助孩子们顺利地进入小学，以及尽快地适应小学的学习生活，我园会从以下六点开展工作。

（1）端正指导思想，增强衔接意识。

（2）从孩子入手，培养良好的学习习惯和生活能力。

（3）从家长入手，争取家园配合，共同做好幼小衔接。

（4）从研讨入手，加强幼儿园与小学间的教学衔接。

（5）从情感入手，激发幼儿入小学的愿望。

（6）改变环境。

接着针对家长如何做好幼小衔接和需要家长配合的工作等问题上，做了很详细的讲解和分析，并给出实例说明，让家长从细微处关注和培养孩子的点点滴滴。

精彩的会议后，各班家长回到课室，各班老师根据本班的实际情况，展开了有效的沟通，向家长汇报孩子的实际情况，同时也提出了工作计划以及需要家长配合的工作，在相互信任、尊重、配合的基础上实现家园共育。

本次幼小衔接内容生动，针对性强，使大家更加明确了为什么重视幼小衔接、怎样做好幼小衔接等问题，懂得了如何培养幼儿良好的学习品质，多陪伴、多鼓励。通过家园携手，全方面切实做好大班幼儿的入学准备工作，帮助孩子克服心理因素，为幼儿顺利进入小学打下坚实的基础。

第四节　历届央视之行

快来吧！快来加入我们吧，央视大舞台等着你

广外佛山君御幼儿园创设的优雅舒适的育人环境和国际文化体验活动得到了外界的一致好评。本学期进行的广东童谣体验活动吸引了中央电

视台考察团亲临我园参观体验，央视导演对我园的国际文化体验特色赞赏有加，盛情邀请广外佛山君御幼儿园小云山合唱团参加少儿频道《七巧板——宝贝爱唱歌》的节目录制。

经过四个月的辛勤排练，广外佛山君御幼儿园的宝贝们于2016年4月10日走进了中央电视台的演播大厅。我们的孩子们立足广东，放眼世界，了解世界各地文化的同时也没有忘记博大精深的传统文化，带着一首岭南童谣《落雨大》昂首挺胸地走进了央视，把浓郁的岭南特色展现给全国的观众朋友们。在节目录制现场，孩子们站在央视灯光璀璨的大舞台上，个个精神抖擞，面对镜头，大家情绪饱满，大方自然。宝贝们率真可爱，极具表现力的表演高效地完成了节目的录制，并成功征服了在座的观众和专业评委。现场专家评委对我们的选曲非常认同，一致认为我园选曲既能传承岭南文化，又充分贴近孩子特点。我们的孩子是台上最小的孩子，却有极大的感染力，为观众带来了一场视觉盛宴，难以想象那么小的孩子会有如此大的能量。孩子们真挚的表演自然也最容易俘获人心，得到了大众评委、专家评委及导演的高度评价，获得"最佳表演奖"！

这次央视之行的孩子里，最小的只有3岁，最大也才5岁，孩子们克服困难，前往我们广外君御幼儿园的姐妹园——位于广州的广东外语外贸大学幼儿园参加排练，在节目排练过程中，孩子们年龄虽然小，但是他们的认真与坚持让老师们感动。特别感谢家长们对我园的大力支持，家长们的配合让我们家园共育无缝衔接，最终孩子们收获的不仅仅是节目本身，更多的是节目之外的东西，是亲子关系的融洽，是孩子们的自身成长。我们为孩子们提供一个广阔的平台，孩子们在辛苦排练的过程中得到了更多的体验，在万人瞩目的舞台上展现了自己，开阔了孩子们的视野，并潜移默化地塑造了孩子们的自信。

感谢孩子们非常出色地完成了录制任务，现场人员无不为之赞叹。这就是我们广外佛山君御幼儿园的孩子，年纪虽小却有非凡的魄力，我们与众不同，我们无惧比较。君御的孩子棒棒的，我们必须为你点赞！经过这次的节目录制，我园与央视已达成长期合作关系，以后我们会继续组织孩子们参加中央电视台更多的节目，欢迎更多小朋友加入君御幼儿园这个快乐大家庭。

高明区首届"我要上央视"活动圆满成功

由广外佛山君御幼儿园主办的央视梦·君御行——"我要上央视"海选活于2017年10月29日上午在富丽堂皇的君御温德姆至尊酒店隆重举行，现场人数达到400余人。本次海选活动特邀中央电视台少儿频道导演何健、佛山市高明区音乐家协会主席唐世勇、佛山市高明区教育科研培训中心主任管向民、星海音乐学院教师何莹、佛山市高明区语言艺术家协会副主席袁洁、广外佛山外校校长方建军、广外佛山君御幼儿园园长周宇担任评委。此次活动受到中央电视台何健导演的高度重视，特意从北京亲临现场指导。何导欣喜地表示，通过活动发现了一批具有优秀才艺的孩子，他们天真活泼的表现和精彩的才艺表演，正是节目本身所追求的意义。

周宇园长作为评委代表致辞，她表示为了让高明本土的孩子有一个更高的展示自我的平台，圆更多孩子的央视梦，特意举办这场幼儿才艺海选活动，旨在为孩子们提供一个展示自我才艺的舞台。今天孩子们都能够勇敢地踏上这个舞台向我们展示他们最精彩的一面，无论比赛结果如何，相信对他们也是一种超越。今天央视何导亲临现场指导，对我们选手是一大鼓励。希望我们每一位选手都发挥出自己的最佳水平，让我们每一个孩子的央视梦，从这个舞台启航。最后，周宇园长预祝我们本次海选活动圆满成功。

48位选手参赛节目形式多样，内容丰富，在舞台上大胆、自信地展示着自己的才艺，发挥出自己最好的精神状态，充分享受着表演的快乐。比赛现场的气氛十分活跃，孩子们的表演令人惊喜、富有创意和活力，给评委老师及观众们留下了深刻的印象。

家长朋友更是热情高涨，从活动前期的精心准备到活动现场的激烈比赛，宝爸宝妈们全程支持和陪伴，以至于活动结束后还迟迟未散去。作为佛山地区首次央视节目的海选活动，家长们都激动地表示很荣幸能参加这次海选活动，希望孩子能在这个舞台上展示自我，让梦想翅膀展翅高飞。

唐世勇老师曾经代表高明地区登上中央电视台的大舞台，今天他作为评委来到海选现场，勾起了当年的回忆。他高度肯定了此次活动的意义，认为此次活动是高明本土众多孩子的福音，孩子们可以通过这个舞台走进央视，实属难得。同时，对本次活动进行了点评，对选手们提出了中肯的建议，例如在选材方面要遵循幼儿的年龄特点，再结合幼儿特点合理编排，展现的效果会更完美。最后为我们倾情献唱一曲，赢得了满堂喝彩。

给小孩做梦的床，给小孩远眺的窗，看他们会带我们到多美的地方。

给小孩远扬的帆，给小孩勇气的桨，这世界一定会变得更明亮。2017 年高明区首届年央视梦。君御行"我要上央视"海选活动完美结束。

热烈祝贺广外佛山君御幼儿园 CCTV 央视直播录制圆满成功

中央电视台少儿频道的《七巧板》栏目一直深受小朋友和家长的喜爱，为了给我园孩子提供一个更高的展示自我的平台，圆更多孩子的央视梦，2016 年 4 月 10 日我们的孩子第一次远赴北京登上中央电视台，向全国观众展示充满岭南特色的广东童谣《落雨大》。据悉我园是华南地区第一所参加《七巧板》节目录制的幼儿园，因我园得到了社会的高度评价，具备先进的办园理念和优质的教育环境，2016 年 5 月我园正式成为中央电视台少儿频道拍摄基地。经过几个月的精心准备，中央电视台《七巧板》栏目，我们又来了，期待再次与你见面。2018 年 3 月 31 日，我园孩子和家长远赴北京录制，这次我们的代表作品是充满岭南风情又特有教育意义的广东童谣——《好爸爸》。

赴京记

孩子们全程互相互爱，尽量自我服务，饿了累了不吵闹，行李自己拿，等待时刻考验耐性，还不忘照顾小伙伴和家人，我们看到了孩子舞台下的另一番风采。

走进 CCTV

一路上，我们有说有笑，互相关爱，趣事真多。

录制前准备，爸爸和我们一起臭美。从安检到录制历经 7 小时的耐心等待，大家终于来到了中央电视台第八演播厅——《七巧板》节目的录制现场。亮丽的舞台，璀璨的灯光，专业的摄像机，这样大气华丽的舞台让小演员们对表演充满了期待。在大家的满心期盼下节目录制终于开始！

CCTV 录制现场

从安检到最后录制，历经 7 小时，带队老师和部分家长已经身心疲惫，有的孩子甚至在等待的过程中入睡了，过程很艰苦，但孩子们坚持了下来，现场录制超常发挥。专家评价：孩子的表现自然活泼、天真烂漫，舞台上展现了孩子的天性，广东童谣——《好爸爸》这一节目具有浓浓的岭南特色，爸爸们的参与更是为孩子们精彩的表现画龙点睛，爸爸与孩子在舞台上温馨的画面非常难得，同时也反映出当今社会爸爸陪伴的重要性，呼吁爸爸们多抽一些时间陪伴孩子成长。专家还特别点评了我们的孩子，最小的才 3 岁，这份坚持来之不易。幕后的家长，看着孩子们站在录音棚里录制，心情百感交集，满是激动和感动，看着孩子们在台上自然的表现，家长们在一旁感动得热泪盈眶。部分在门外等候的家长列队鼓掌迎接孩子，爸爸妈妈忍不住抱着孩子哭了，过程的确很累。但是，这一刻，孩子和家长说再累都值得。

回顾近半年的排练时光，一点一滴涌上心头，小朋友、家长以及老师们可谓精心准备，从海选——初赛——决赛——选材——排练——录制圆满结束——最终获得喜人的成绩，共历时 5 个月，经历 3 个不同版本才最终敲定。孩子比我们想象中独立坚强，在排练过程中，孩子们更是付出了无数的汗水，很多孩子生病了，但是即使打针吃药，流着眼泪，也依然咬牙坚持排练，才有了今天舞台上完美的表现。家长们更是充满感恩，纷纷表示："幼儿园给了孩子锻炼和展示的机会，让孩子懂得坚强，学会努力，为了集体荣誉兴奋，也让家长有了一个和孩子共同成长的机会。"她们收获的不仅仅是央视的舞台，更是在排练中收获了这些陪伴她们一生的优秀品质，你们所获得的成绩让老师和爸爸妈妈们倍感欣慰。希望这一次的央视行在你们幼小的心灵埋下幸福的种子，让你们以后走得更远更远……

热烈祝贺广外佛山君御幼儿园央视少儿频道录制圆满成功！《好爸爸》凭借着新颖的创编，精心的环节设计和出色的团队合作，荣获"优秀表演奖"，希望通过孩子和老师的共同努力，家长的全力配合，广外佛山君御幼儿园的孩子每年都有机会登上中央电视台少儿频道。

第二届"央视梦 君御行——我要上央视"海选活动

广外佛山君御幼儿园自 2017 年 3 月起正式成为中央电视台少儿频道七巧板栏目拍摄基地，已经连续三年向央视少儿频道输送优秀儿童节目。小朋友们期待已久的第二届"央视梦 君御行——我要上央视"央视节目海选活动于 2018 年 3 月 7 日晚在广外佛山君御幼儿园隆重登场。让我们跟随小编的镜头去看看这群小小追梦人的精彩瞬间。

晚会司仪：周金妃老师 华盛顿之家梁语星、姚睿轩

主办方负责人：周宇园长

周宇园长为本次活动致辞，她对到场的嘉宾致以诚挚的欢迎和感谢，回忆历届前往央视表演的小朋友们惊人的毅力和出色的表现，希望小朋友们通过这个平台，自信展示，体验成长。

家长代表：开普敦之家梁语玥妈妈

语玥妈妈连续两年带着两个孩子参加央视节目海选活动，一路走来，

感悟颇多。她说："当我们全力以赴去做一件事情的时候，结果反而变得没那么重要了，并且希望孩子们每次都能当成第一次那样认真去对待，第一带着好奇去体验，第二带着自己的理解去收获。"

本次活动得到了上级领导和社会各界的大力支持，有幸邀请到中国音乐教育委员会会员、广东省音乐家协会会员、高明区音乐家协会副主席唐世勇先生；高明区区歌创作者、全国知名词作家，更是本次央视节目《红豆红》的原创作者袁晨光先生；高明区教育科研培训中心培训部主任、高级讲师管向民先生，担任评委嘉宾。

本次活动总共有四十多位小朋友参加海选，竞争激烈，节目丰富多彩，让人大饱眼福，小朋友们的表演获得评委和观众们一阵阵热烈的掌声。让我们一睹小萌娃们的风采吧！

评委嘉宾被孩子热情洋溢的表演所感染，也兴致勃勃献歌一曲。

那么，四十多位小小追梦人的表现怎样呢？

让我们一起来听听评委老师的点评。

本届央视节目选定曲目《红豆红》原创作者：袁晨光

袁晨光先生从三方面点评了孩子们的表现。一是自然，孩子们在舞台上的表现极具孩童本真，流露出孩子们天真纯粹的真实情感，让我们成人也不自觉的沉浸在童年的美好中。二是自信，没想到小小年纪竟有如此胆量，大方站上舞台展示自我，并且展示出了极好的台风。这对树立孩子们的自信心有着非常重要的意义。三是高度肯定了本次活动的意义，希望能有更多的孩子从这个舞台扬帆起航，迈向更高更大的天地。

比赛是一个过程，小朋友们通过比赛展示了自己最好的一面。在准备的过程中，老师们的精心组织，家长们的高质量陪伴，是孩子成长的坚实力量。广外佛山君御幼儿园 2019 年"央视梦 君御行——我要上央视"海选活动圆满结束，让我们期待明年再见。

一棵红豆树、一曲红豆红，成就一班孩子的央视梦

2019 年 4 月 1 日广外佛山君御幼儿园的宝贝们再次走进中央电视台的演播大厅。这次我们带着一首高明本土的音乐《红豆红》走进央视，把浓郁的岭南特色展现给全国的观众朋友们。宝贝们站在《七巧板》大舞台上，精神饱满，大方自然。他们极具感染力的表演俘获了现场观众的心。

宝贝们今天精彩的表演离不开每天努力的练习，离不开工作人员前期的策划和编排，离不开老师们辛勤的排练，更离不开一直以来对工作支持和配合的家长们。让我们一起来看看宝贝们的央视之旅吧！

2019 年 3 月 30 号，43 位家长、35 名孩子、5 位老师，广外佛山君御幼儿园小云山合唱团 83 人的大队伍浩浩荡荡地出发了。我们去哪里？到央视录制《七巧板——宝贝爱唱歌》节目！一路上，家长共同协助，有帮忙拿行李的、有照看孩子的，还有搬道具的，长长的队伍整整齐齐的等候上高铁。"爸爸，给我拍照，我回去要告诉朋友""妈妈，高铁好长啊，我们车厢在哪？等会我要找……"高铁上，孩子们自觉遵守纪律，和同伴友好相处并乐意分享，体验出我们君御宝贝的良好行为习惯。

3 月 31 号，台上一分钟，台下十年功，为了表演能更加出色，我们抓紧每一分每一秒，一到酒店稍做修整后，就在酒店门口继续排练。也许会有人来回出入打扰到，也许会因为空间大音乐声小而影响效果，也许会因为天气原因……，这些都影响不了我们精益求精的态度！我们准时开始排练！

4 月 1 号，6:00 闹钟响了，孩子们已经从暖暖的被窝里出来换服装、化妆，在去中央电视台路上，家长牵着孩子的手，嘱咐孩子：书包里有面包，有水，饿了吃点，妈妈在门口等你录制玩，要加油喔！录制候场时，孩子的心情有激动的、有淡定的。当导演说：顺利录制完毕！孩子们一阵欢呼，开心走出录制厅，迫不及待地想把好消息告诉爸爸妈妈们。

央视梦，君御行！登上央视舞台并不是我们最终的目的，我们为孩子们提供一个广阔的平台，孩子们在辛苦排练的过程中得到了更多的体验，在万人瞩目的舞台上展现了自己，开阔了孩子们的视野并潜移默化地塑造了孩子们的自信。追梦的路上是艰辛的，是要付出比常人更加多的努力的。在追梦的路上，希望你们能坚持下去，不断前行。

第五节　教师论文选集

幼儿园开展国际文化体验的实践研究[①]

广东外语外贸大学幼儿园总园长　周宇

当今我们所处的时代是一个国际化和全球化时代，与以往相比发生了

[①]　本文为佛山市高明区教育科研"十三五"规划课题《幼儿园开展国际文化体验的实践研究》的阶段性成果。

深刻变化，国与国之间的交往更加频繁，竞争也更加激烈，迫切需要懂得国际规则、专业能力强、具有处理跨文化冲突能力的复合型人才。随着全球国际化趋势的进一步发展，世界各国人员互动日益增多，人文交流也更加广泛和深入，世界各国人民生活的多个领域相互受到影响。在这种背景下，幼儿也有机会接触到其他国家的友人，了解其历史、地理、生活习俗、风土人情，还可通过电视、网络、报纸等媒体接触外来文化。

我园依托广东外语外贸大学而开设，享有高校的品牌优势，而广外又是一所国际化特色鲜明的高水平大学，具有五十多年的办学历史和深厚的文化底蕴，所以凸显幼儿园的国际化特色便成了我们追求的目标。我园的办园理念为：一切为了孩子，坚持全人教育，培养走向世界的现代人。我园的课程也紧扣这个办园理念来设置。基于这样的思考，我们将国际文化体验作为我园的特色定位，在课程设置时，打破传统形式和内容，将五大领域和国际文化体验有机结合，大大拓展了幼儿的知识面，促进幼儿社会性发展，为幼儿走向世界奠定基础。

一、国际文化体验的研究内容和方法

（一）研究内容

我园通过分析整合现有的可以推进此课题研究的资源，探索幼儿在体验课程中的社会性发展，并分析促进其发展的各种因素。为幼儿体验课程创造与之相符的各类环境，让环境与教育同步，并分析环境打造在课程体验中起到的积极作用。建构体验活动的整体框架和探索促进课程体验有效性的策略，并将五大领域与国际文化体验有机结合。设计实施国际文化体验课程的教育活动方案，确定教育活动中有效的组织形式、方法。

（二）研究方法

在研究过程中，以文献研究法、问卷调查法、经验总结法、行动研究法、个案研究法为主要研究方法。

二、国际文化体验的现况

（一）了解国内开展国际文化体验的短板

我们通过调查、网上查找、资料文献查找等方式了解学前教育领域国际文化体验的开展状况：在全国各大城市，号称"国际化"的幼儿园遍地开花，但如何才是真正的国际化幼儿园呢？大部分幼儿园只是开设双语教学，而并非学习他国文化。国内幼儿园开展国际文化体验的研究尚处于初始的探索、尝试阶段，缺乏系统性，研究的深度、广度、科学性、结构性需再提升、整合。已有的研究主要注重在具体行动上的探索，而缺少把感性认识进行积累、总结、上升、表达为理论形态的经验和思想，研究的目标、内容、形式未能与幼儿园课程建设、环境创设、各类大型活动相结合，而只是物质文化和精神文化层面上有了一定的认识。

（二）测查幼儿原有社会性发展水平

幼儿的社会性发展包括交往能力、情绪情感、文明行为和自我系统几个方面，我们针对幼儿的这几方面发展制定了调查表。交往能力方面，我们主要调查了以下几个方面：幼儿在与教师、与同伴、与客人以及解决冲突方面的人际交往能力；幼儿的表达与控制、热爱周围人、热爱集体等方面的情绪情感；幼儿的礼貌表现、诚实、合作、遵守规则方面的文明行为；幼儿在自我认识、自信心、独立性、坚持性等方面的自我系统调查。通过调查，我们发现孩子们在入园初期，孩子的礼貌意识较弱，在表达与控制方面稍有欠缺，例如在控制方面，许多孩子由于处在独生子女家庭，且物质丰富，幼儿的需求往往能得到及时满足，当面对集体环境时，孩子对于物质的占有欲依然强烈，往往会出现人际交往冲突。

（三）设定了各年龄段的体验目标

根据各年龄段孩子的学习特点，我们制定了相应的符合孩子身心发展的体验目标。小班幼儿的学习具有直观性的特点，处于具体行动思维发展期，以认知体验为主。中班幼儿的思维以具体形象为主，我们制定了以亲身感受、语言交流等为主的体验目标。大班幼儿虽然还是以具体形象思维为主，但已开始有抽象逻辑思维的萌芽，活动也更有目的性和计划性，所以制定了以情景再现、创造想象为主的体验目标。例如，小班课程《美国国旗国徽》的课程目标设定如下：①认识美国国旗国徽，主要由哪些颜色和图案组成；②复习中国国旗国徽，并尝试比较两国国旗图案和颜色的不同。中班课程《美国国旗、国花》的课程目标设定如下：①认识美国国旗、国花；②回忆学过的国家的国旗、国花，能区分三个已学国家国旗、国花；③懂得尊重异域文化，激发浓浓的爱国情怀。大班课程《美国国花》课程目标设定如下：①认识美国国花——玫瑰花；②学习用黏土制作玫瑰花；③激发爱护花草树木的情感。

三、国际文化体验的实践

（一）提高教师组织设计活动的能力

学习了幼儿的社会性发展的先进教育观后，在组织教学活动中，不仅在社会领域中选择幼儿感兴趣的文化体验内容，还充分挖掘其他领域中蕴涵的国际文化体验活动的教育因素。在实施过程中，根据各年龄段幼儿学习的特点，准备适宜的操作材料和教具，采用灵活的教学方法，激发幼儿的学习积极性，使幼儿在感兴趣的教学活动中亲身体验各国文化。如，大班教师在开展烘焙特色课程时，设计了一节西餐文化体验活动。首先创设了适宜体验西餐的环境和各种器具，事先让幼儿穿上西餐礼服，让孩子从一开始就有充足的准备和期待感。这节课中，引导幼儿体验认识西餐器具、餐点，再从幼儿与幼儿、幼儿与老师的互动中学习进食西餐的礼仪。孩子们在优雅的环境中轻松有趣地学习，突破传统的教授方式，以亲身体验为主。通过这节课，孩子们无论从认知方面、技能方面、情感方面都有提升。课程结束后，教师及时开展研讨，在研讨会中，教师及时反思授课过程的优点和不足。例如，授课老师在课后反思中提到，如果在教学活动前通过家园共育的方式开展相关的预热，收集相关的知识，相信孩子们的体验会更有实效。其次西餐体验活动不能仅仅局限在一节课，可以拓展到一日生活中的其他进餐环节，例如午餐时段，我们可以开展自助餐的形式，让幼儿巩固之前所习得的进餐礼仪，安静进餐，进餐时，如果咳嗽怎么办等，以此加深印象，把良好的进餐礼仪转化为幼儿身上相对稳定的行为习惯。同时，教师在实践与研讨的交替进行中，大大提升教研水平和教学反思能力。

（二）利用各种节日活动，开展各国文化体验

节日活动是我园开展国际文化体验的一大有效载体。教师们根据本班幼儿的年龄特点、兴趣爱好开展了不同形式、不同内容的节日活动。如每年的新年运动会，我们模拟奥运会的开幕方式，每个班级就代表一个国家，通过歌舞、音乐、服饰等展示其文化元素，在运动项目的设计上也具有国际文化特色，有小小高尔夫手、足球游戏、亲子拍篮球等。运动项目结束，还有各国美食体验，让孩子们在这种嘉年华式的活动中感受各国艺术、体育、美食、礼仪等文化，每次活动，我们都鼓励家长参加，大人孩子都乐在其中，学在其中。还有本土文化体验：每年中秋节，我们将开展中秋节的系列文化体验活动，有自制月饼、中秋诗词会、亲子灯笼展等，

让孩子们在说说、做做、玩玩中感受中国节日文化的灿烂辉煌。还有夏至泼水节、六一国际文化嘉年华、母亲节、剪纸文化节等，紧紧围绕国际文化体验开展，真正让孩子们在活动中感受中国文化，体验世界风情。经过一段时间的沉淀，我园已经形成了以办园理念为核心的、相对固定的活动开展模式，凝练了具有我园特色的活动文化。

（三）充分挖掘其他领域中蕴涵的国际文化体验活动的教育因素

经过一段时间的积累，我们设定了相对稳定的国际文化体验课程，根据幼儿的年龄特点，设置出了符合各年龄段孩子的体验活动，取得了一定的研究成果。在此基础上，我们继续拓展幼儿的体验渠道，开展多维度的体验活动，例如：在户外活动环节，我们将体育锻炼项目与国际文化体验相结合，开展法国高尔夫、美国篮球、巴西足球、太平洋警察（匍匐趴）等项目，让幼儿在运动的同时了解各国运动项目。在烘焙活动时，我们组织幼儿制作泰国的冬阴功汤、印度手抓饭、西班牙海鲜饭、日本寿司、韩国炒年糕等，让幼儿从体验他国美食进而了解他国文化。

（四）发挥家长的教育作用

教育是一个有机的整体，它需要教师家长协同一致的配合，才能达到理想的效果。以国际文化体验为载体，培养幼儿的社会性发展，离不开家长的配合。学期初，各班召开家长会，向家长介绍本学期的国际文化体验内容，让家长了解我们课题研究的思路，在实施过程中，让家长参与活动，配合我们进行教育。例如，在开展夏至泼水节活动时，我们提前一周开始预热，家长和孩子一起先收集有关泼水节的文化知识（泼水节的寓意有什么？），一起准备参加活动的各种器材（水桶、水枪等），一起来预设在活动中可能会遇到的问题（在玩水的过程中可能会碰到他人，或者被他人碰到，孩子应该怎么办等）。再比如：在开展中秋文化体验活动时，让班级的孩子和爸爸妈妈一起探讨自己家乡的中秋民俗有哪些，再让孩子们在班级分享，还有很多家长到班级教孩子自制月饼。有了家长的配合和参与，让各项国际文化体验活动既开展得有条不紊又更有深度和广度。

（五）与五大领域有机结合

1.理论与实践相结合

《幼儿园教育指导纲要》和《3～6岁儿童学习与发展指南》同时强调将儿童的学习分为语言、科学、健康、艺术、社会五个领域。分别从不同的方面对幼儿进行引导和教育，促进幼儿全面发展。我园的国际文化体验侧重对幼儿社会性的培养和发展，同时渗透其他领域。我们在实践过程中，也应该紧紧围绕五大领域的发展目标来设计课程内容，正所谓："五大领域是个筐，国际文化往里装。"确定这一措施后，我们再次组织教师学习《幼儿园教育指导纲要》和《3～6岁儿童学习与发展指南》，转变理论观念，改变教研思维，确定将国际文化体验课程和五大领域相结合开展。

2.反观教育目标与教育成效，调整课程内容

幼儿园五大领域的教育内容是互相渗透、密不可分的，它们有着共同的培养目标。教师们除了在社会领域中进行国际文化体验活动之外，还把它贯穿到其他各领域中，并注重教育的一日生活化，注意个体教育和随机教育相结合，充分发挥活动区的教育功能，相互渗透，相互作用。我们调整课程设置方式，从单一的国际文化体验课转变为某领域和国际文化体验相结合的课程设置。例如：在体验印度文化时，我们充分与社会领域、艺术领域、科学领域等结合。《印度舞曲》是一首非常具有印度风味的纯音乐，教师引导幼儿开展韵律操创编、节奏乐打击、音乐欣赏等活动，而这些都是五大领域中艺术领域的根本教学任务，非常符合幼儿的学习与发展。再例如体验巴西文化时，教师抓住足球这一核心元素，引导开展语言活动《足球赛事解说》、科学活动《有什么方法可以让球滚得更快》等等，这些课程都巧妙地与五大领域相结合，对于幼儿在德智体美各方面的培养更具针对性和实际意义。同时，让教师的开展方式更具灵活性和接近日常化，大大提高了研究成效。

3.对比测查，凸显成效

我园在研究初期，对幼儿在人际交往能力、情绪情感、文明行为、自我系统四个方面做了调查，了解了刚入园的幼儿的社会性发展动态。经过一年多的研究，我们再次对同一批人开展相同项目的调查，并且邀请家长参与本次调查，通过反馈幼儿在家的日常表现来评价该幼儿的社会性发展情况。数据显示，大部分幼儿在文明礼仪、情绪情感方面有较大提高，小年龄段幼儿的人际交往能力还需进一步培养。

四、国际文化体验的成效

（一）转变教师的教育观念，提高教师的教育技能

在研究过程中，针对幼儿的实际情况，结合幼儿的年龄特点，教师设计出切实可行的活动，精心安排，让每个孩子都能亲身感受，使幼儿之间发生联系，引导幼儿学习协调关系，从而促进幼儿的社会性发展，教师在

指导活动中灵活地变换角色，适时地给予指导，激发幼儿活动的积极性，满足幼儿活动的兴趣，促进幼儿学习。

经过两年的研究，我园教师从一开始不知国际文化体验课程如何下手到如今每人都能够写出活动设计和个案分析，从不注重开展研究到人人主动参与实施，并提炼出多篇论文，足以说明参加此课题组，开展实验研究，对教师的教育观念转变、教育技能的提高有着非常重要的意义。

（二）为幼儿良好的人格发展奠定基础

本课题的研究核心是想通过国际文化体验活动促进幼儿社会性发展，从而培养幼儿人际交往、情绪情感、文明行为、自我系统几方面的能力，以上四大能力都是促进人格发展的重要因素。在这一时期，适时地进行教育引导，掌握简单的社会交往合作技能，将为今后的人格发展奠定良好基础。

研究结果表明，经过体验活动的开展，我园幼儿社会性能力方面都有所提高。尤其是在将体验活动进行方向调整，与五大领域相结合以后，效果更为显著。从认知方面，幼儿了解本国和他国的具有代表性的文化，大大拓展了幼儿的视野。通过了解各国文化之间的差异，培养幼儿包容、接受的品质，同时更加了解本国文化，让幼儿在尊重文化差异的同时又增进自身的爱国情怀，还增强幼儿的自信心，这种自信心来源于对自己国家文化的自信，同时由于接触多类型活动，大大刺激了幼儿主动交流的能动性，幼儿的学习经验可以得以延伸。还大大丰富了孩子不同的社会经验。主要表现在：小班幼儿活泼开朗，能大胆地与小朋友和老师交谈，能把自己喜欢的玩具给别的小朋友玩，学会与同伴商量交换玩具，争抢玩具现象明显减少了。中大班幼儿能主动与同伴分享玩具，攻击行为明显减少，学会了控制自己的情绪，共同遵守活动规则，在交流中自信、大方，能接受不同的意见。

（三）沉淀具有本园特色的园本课程

经过前一阶段的研究，我们发现单一的国际文化体验活动在开展的过程中缺乏生命力，经过多次的研讨后及时调整方向，将国际文化体验与五大领域相结合。刚开始在体验活动中，有些脱离五大领域的核心素养。经过新一轮的研究，我们整理出了第二代的国际文化体验课程版本。本套课程立足于本园特色，紧紧围绕办园理念来开展，在活动目标的设计上做出了调整。

通过国际文化体验的实践研究，寻找到幼儿社会性发展的根本要素，推动了本园幼儿课程改革，取得了一些初步的成效：

（1）教师转变了教育观念，充分认识到我园培养目标对于促进幼儿社会性发展的重要意义，能积极地为孩子创设宽松的心理环境、良好的物质环境，师生间的距离越来越近，建立了和谐的体验合作关系，师生共为主体，和谐共处。

（2）家长改变了传统的育儿观，增强了科学的育儿观，明白很多体验活动中所蕴含的教育目的。能为幼儿营造一个比较温馨的家庭环境，支持幼儿与同伴的交流行为，幼儿自信增强了。

（3）提高了幼儿的社会交往能力，碰到问题，孩子们会主动与同伴协商、谦让、合作，他们知道许多事情只靠一个人的力量是不行的。同时，他们还掌握了很多活动规则，知道如何礼貌交往，和谐相处。个别自我观念特别强的孩子，也能控制自己的情感，愿意接纳不同意见。

（4）培养了新型的师幼互动关系。体验活动重在让幼儿亲身感受而学习，改变了以往灌输的教学模式，大大规避了死板的教学形式，教师提供有准备的环境，引导幼儿自主学习，真正体现教学的民主。这一过程无论对老师还是幼儿都是极具促进价值的。

（5）我们发现影响幼儿体验效果的重要因素是环境的设置，只有教师将环境的创设与课程内容相结合，幼儿才能在有准备的环境中感受文化，自由交流，自我解决，将认知转化为情感，将情感转化为习惯。

关于如何彰显幼儿园国际化特色的思考

一、幼儿园定位国际化

一所幼儿园的定位决定了它的发展方向。作为园长，要从战略高度思考这一问题。广外幼儿园的定位可以从它的办园理念和育人目标中反映出来。我们的办园理念是"一切为了孩子，坚持全人教育，培养走向世界的现代人"，育人目标是"培养懂礼貌、守规则、受欢迎的具有中国情怀、国际视野的世界小公民"。无论是广外幼儿园，还是广外幼儿园品牌输出在佛山高明区新建的广外佛山君御幼儿园都坚守同样的办园理念和育人目标。无论我们要将幼儿培养成何种人才，首先，要将他们培养成人格健全的人。幼儿是国家的未来，为将其培养成符合国家需求的人才打下坚实的基础，是幼儿园应有的责任和担当。

二、管理团队和教师队伍国际化

要使培养的幼儿具有国际视野，首先管理团队和教师队伍要有国际视野。作为园长，我先后赴日本、韩国、英国、法国、意大利、瑞士和泰国等国家考察幼儿教育，观察这些国家的育儿环境、课程设置、教育模式，结合幼儿园的园本教育加以借鉴和提高。幼儿园每个学期都分批派管理团队核心成员和骨干教师去知名幼儿园进修学习新的教育理念，观摩国际化办园特色鲜明的育儿课程。广外是华南地区外语语种最齐全的大学，目前有 23 个语种，还在增设新的小语种。因此我们有得天独厚的外教资源，在我们的教师队伍中有一定比例的外教。我们还可以得到大学英语教育学院专家的专业指导，学院在幼儿园所设的教育实践基地成为园院共建、共同探讨幼儿教育国际化的重要平台。

三、体验国际文化

幼儿园成立课题组，通过专家引领教师参与积极开展活动。课题组经过多次研讨—实施—再研讨，最后确定我园的园本课程为国际文化体验活动。幼儿在园三年将体验中国、韩国、日本、泰国、印度、俄罗斯、英国、法国、西班牙、南非、巴西、美国、澳大利亚 13 个国家的国旗、国花、建筑、节日、礼仪、服饰、音乐、美食及礼貌用语等。通过收集资料、学习研讨、集体备课等形式，以年级为单位制订活动计划，活动形式多样生动，让幼儿从不同的角度体验不同国家的文化。

我园每年都举办"国际文化嘉年华暨家长开放日"活动，活动中幼儿感受不同国家的音乐与舞蹈，服饰与游戏，语言与问候，美食与制作。如：上半场活动体验音乐和游戏，幼儿到不同展位感受欢快的苏格兰风笛舞，优美的韩国集体舞，热烈的西班牙舞蹈和舞龙舞狮游戏。下半场体验美食及制作，在中国文化体验区，小朋友可以学习包粽子，一些手巧的父母拿着叶子手把手教小朋友裹米、卷绳。韩国的泡菜、炒年糕、紫菜卷，英国的三明治、沙拉、薯条让他们大快朵颐，小朋友不忘拉着父母到体验区取食物，表达对父母的关爱。在西班牙文化体验区，展示着孩子们手工制作的小城堡、西班牙独有的小饰品等，有兴趣的还可以走进当中与"小艺术家们"学习制作。活动后，老师们引导他们与本土文化相结合进行对比，了解中国文化的源远流长，从而更加热爱自己的国家。

四、让民族文化与国际文化交融

有人说民族的就是世界的。随着中国的崛起，我们更有理由热爱自己的本土文化，提高民族文化的自信心。首先，从园所环境创设上体现中西合璧，在幼儿园走廊上既有京剧脸谱、剪纸、陶瓷、书法等中国元素的呈现，又有樱花、埃菲尔铁塔、大本钟等东西方国家风情的展示。其次，各班的班级名称分别以北京之家、东京之家、首尔之家、伦敦之家、巴黎之家、纽约之家等命名，班级环境也根据国家的不同而风格各异。最后，我园幼儿表演的具有浓郁岭南特色的广东童谣《落雨大》挺进了中央电视台《七巧板》栏目，受到专家与观众的一致好评，荣获最佳表演奖。我园还成为中央电视台《七巧板》栏目拍摄基地。这些都有效地建立起让幼儿认知世界、走向世界的桥梁。

幼儿园国际化特色的凝练是一个长期的过程，也是一个系统工程，不同幼儿园所处的地域不同，所拥有的资源不同，国际化的路径也不同，没有一定之规。教育主管部门为幼教同行提供了更多交流学习的机会，比如园长培训班、幼儿教育创新课程等。我们正在尝试将国际文化体验课程以教材的形式总结出来，便于自身的传承提高，也便于在更大范围内和大家一起探讨和推广。

对幼儿规则意识培养的认知与路径选择

广东外语外贸大学幼儿园总园长　周宇

作为教育工作者，我们认为一个人行为习惯和规则意识最佳的培养时间是在幼儿时期，所以，我们要从小培养幼儿的规则意识，将守规则变成一种习惯。本文主要从加深对幼儿规则意识培养的认知与路径选择两个方面进行探讨。

一、对幼儿规则意识培养的认知

所谓规则，一般指由群众共同制定、公认或由代表人统一制定并通过的，由群体里的所有成员一起遵守的条例和章程。所谓规则意识，是指发自内心的、以规则为自己行动准绳的意识。比如说遵守校规、遵守法律、遵守社会公德、遵守游戏规则的意识。

正确的规则意识对于一个国家、一个集体、一个家庭和个人都是至关重要的。

　　从国家层面来看，国家不分大小一律平等，不干涉别国内政，这就是联合国制定的处理国际关系的规则。企业"走出去"要有社会责任，要注重当地的环境保护，解决东道国的就业，本国发展要惠及东道国的发展，这也是规则。只有这样，你的朋友圈才会越来越大。否则，你的发展和崛起就会受到多种挤压和羁绊。

　　从集体层面来看，集体也有自己的规章制度，每个成员都要受此约束，这就是集体的规则。集体中的每个人无论职位高低，都应遵守规则，谁违反规则，就要受到惩罚。

　　在一个家庭里面，也有家庭的规则。尊老爱幼，长幼有序等，这些都是家庭成员共同遵守的行为准则，守规则才能维护一个和谐的家庭伦理关系。

　　一个人生活在社会中，你不仅仅是一个自然人，你还是一个社会人，你要与这个社会发生千丝万缕的联系，必须遵守做人的准则。比如，现在的经济体制是社会主义市场经济。市场经济就是一种规则经济，非常讲求契约精神。如果你不守规则，不讲诚信，你再有能力，在成熟的市场经济体制下，你可能寸步难行。有一个在德国留学的医学博士，学业成绩非常好，临近毕业，想留在德国工作。有一次在进无人值守的地铁时，心存侥幸，逃了一次票。当他自以为得计时，殊不知，他的噩梦般的经历由此开始。他去面试很多家德国医疗机构，面试官都对他的业务素养赞不绝口，但都表示不能聘用他。他百思不得其解，一定要探个究竟，最后有一家医院告诉他实情，正是那次逃票，被地铁里的电子眼拍摄到了，这一不良记录与德国所有的社保、医院等机构联网，最终导致没有一家机构愿意聘用他，自己葬送了自己的大好前程。

　　综上所述，可见对规则意识培养的认知是非常重要的。实践证明，3～6岁是一个人习惯养成的关键时期，在这一阶段正确引导幼儿，让他们形成良好的规则意识和行为习惯，对他一生的成长和发展都将起到举足轻重的作用。

二、培养幼儿规则意识的路径选择

　　在3～6岁幼儿成长阶段，培养幼儿规则意识离不开幼儿园、家庭和社会这三条渠道。

（一）通过幼儿园培养幼儿规则意识

　　3～6岁的幼儿好似一张白纸，可以画最新最美的图画，如何将规则意识这浓墨重彩的一笔画好，是幼儿园每位老师需要认真思考的问题。

1. 在园一日生活活动中贯穿规则意识培养

幼儿一日生活全过程都可以将规则意识的培养嵌入进去。比如，要求幼儿严格遵守幼儿园的作息时间，不迟到，可以培养幼儿守时的规则意识。再比如，要求幼儿饭前便后要洗手，可以培养幼儿良好的生活卫生习惯。又比如，要求幼儿午休时不能大声喧哗，可以培养幼儿尊重他人、不影响他人生活的意识。

2. 在教学活动中设置相关规则意识培养的课程

3～6岁的幼儿对有些规则知之甚少，幼儿园有责任在教学活动中有针对性的设置相关课程，帮助幼儿了解有哪些规则。如：乘坐公共交通工具时要给老弱病残让座，进入公共场合不能衣冠不整等。

3. 在游戏活动中体验与感知规则

在幼儿园各种游戏中，让幼儿将学到的规则意识运用到活动当中去，感受和体验相关规则。比如幼儿园设置小小银行、小小医院等场景，要求幼儿去银行办事要排队，这是世界通行的规则。要求幼儿在机场、影院不能大声喧哗，遵守公共规则，表现自己较高的素质和道德水准。

4. 了解并尊重不同规则

国家与国家不同，家庭与家庭不同，他们的风俗习惯也不尽相同，我们要尊重他们的文化和习惯等，不触犯别人的禁忌，遵守不同的规则。如：在中国我们认为点头表示赞同，摇头表示否定。但有些国家可能恰恰相反。当你与这个国家的人打交道时就要入乡随俗，遵守这个国家的规则。在体验西餐文化的时候，怎么使用刀叉，怎样遵守西餐的用餐文化，这都是有一定规则的，我们都要尊重与遵守。

（二）通过家庭培养幼儿规则意识

家长是孩子第一位老师，家庭成员的一举一动都会对孩子产生潜移默化的影响。

1. 家长率先示范讲求规则意识

作为家长要为孩子做出守规则的表率，你希望培养怎样的孩子，你就自己先做到那样。一个爱玩手机的家长培养不出一个爱看书的孩子。如果你要培养孩子信守承诺，你给孩子的许诺就一定要兑现，兑现不了的就不要随意承诺。也许你已经忘记了，可孩子还记得呢！这就是你与孩子之间约定的规则。

2. 培养孩子规则意识要有奖惩机制

家长要有意识地设定一些规则，在他做到时给予奖励，没有做到时给予惩罚。比如，孩子吃饭不能按时完成，总是拖拖拉拉。如果在规定的时间内吃完，你给他什么奖励；如果吃不完，你给他什么惩罚。如果规定 30 分钟内吃完饭，因为孩子吃饭心不在焉，那就对不起，把饭碗拿走，就算孩子感觉饿了，也要"狠心"地坚持不让吃饭。反复几次，孩子会明白，不好好吃饭就会没有饭吃。

现在的孩子尤其是独生子女，养成了饭来张口、衣来伸手的不良习惯，感觉家里的所有长辈都疼他一个人，不劳而获。为了培养孩子按劳取酬的规则意识，告诉孩子要通过自己的劳动换取资助，在家里每一个成员都要做力所能及的事情，有为家庭贡献一己之力的义务。

3. 家园要协同培养孩子的规则意识

在幼儿园老师要求幼儿有规则意识，回到家里，家长要与幼儿园保持一致，家园之间的尺度不能松紧不一，让孩子感到无所适从。

（三）通过社会培养幼儿规则意识

社会是一个更大的舞台，幼儿迟早也会进入社会，早点通过幼儿接触社会，培养其规则意识，更便于实现学校和社会的顺利对接。

1. 在社会生活中自觉遵守规则

幼儿虽然小，但接触社会的机会非常多。有时是孩子单独行动，有时是在家长监护下行动。无论是哪种情况，在没有老师和家长监管时，更需要孩子自觉遵守规则。

比如，随着生活水平的提高，带孩子逛超市、坐地铁、出国旅游的机会大增，都有机会乘坐电动扶梯。怎么站立是有规则的。要告诉孩子为什么要靠右站立，这是给赶时间的旅客留出快速通道。

2. 要对规则有敬畏之心

规则尽管没有法律那么严苛，但我们也要对规则有敬畏之心。比如，在高速行驶的列车上，要告诉孩子不能随意触碰车上的安全设施，不能因为好奇而胆大包天，否则后果不堪设想。

3. 把守规则变成一种习惯

幼儿首先懂得有哪些规则，其次要遵守规则，更高更难的境界是持之以恒地坚持，将守规则变成一种习惯，内化于心。好的习惯决定孩子一生的成长和发展。

总之，只要幼儿园、家庭和全社会协同培养孩子的规则意识，今后他们一定会成长为一个规则意识强、受人尊敬与欢迎的高素质的世界公民。

"三心"齐用，同铸高尚

——浅谈幼儿园教师职业道德建设的几点心得

广外佛山君御幼儿园　雷迪

　　幼儿教师作为幼儿的启蒙教师，对幼儿进行启蒙保教，促进其身心全面和谐发展，是幼儿良好品质、情感、习惯的引导者、传递者、示范者，对幼儿的成长有着深远的意义。2012年教育部颁布出台了《幼儿园教师专业标准（试行）》方案，贯穿《幼儿园教师专业标准》的基本理念是：师德为先、幼儿为本、能力为重和终身学习。师德成为行业准入的必须且也是最基本的门槛。作为幼教工作者的我们，师德建设是我们必须思考的问题。那么，如何打造一支具有高尚师德的教师团队，在此分享几点不成熟的经验。

一、静心寻回职业初心，是职业道德建设的基础

　　日常工作中，当面对哭闹的孩子、烦琐的文案、永远做不完的环创、形形色色的家长……教师作为一个人，一个凡人，难免精力和耐心会被消磨。往往这个时候教师容易产生对职业的倦怠，不再有工作激情，面对日常工作也会敷衍了事，难以用一颗包含浓烈温度的心去面对孩子和家长。这个时候，我们应该做好老师的引路人，帮助老师重拾职业初心，重新燃起对这份职业的炽热。

　　例如：我们会利用教师节的契机开展《谈谈我的教育初心》座谈会。营造一个轻松愉悦的座谈氛围，让教师卸下心理包袱，以一种倾诉的姿态向大家敞开心扉，畅谈自己的职业经历。有的老师回忆自己走进幼儿园第一天的经历；有的老师分享自己职业生涯的收获；有的老师反思职业缺憾；有的老师谈到情深之处也潸然泪下；有的老师困惑自己因为教育工作经验不足，有时会茫然无措，甚至有老师坦言自己曾经想要放弃，离开这个职业。无论她们的想法怎样，我们都以高度的同理心去体谅老师的心情和感受。随后再抛出问题：那我们的职业初心是什么？去启发老师思考当初为什么出发。经过心灵的碰撞和情感的交织，老师们都能从心底认识到：自己是热爱这份职业的，对于幼教工作是充满热情和憧憬的，漫长职业路上，其实自己是有很多收获的。

　　通过这样的谈心活动，让老师带着信念重新上路，让坚守职业初心的这份情感与职业道德需求形成共鸣，以此成为打造教师团队职业道德建设的坚实基础。

二、精心塑造职业形象，是职业道德建设的关键

一说到幼儿园老师，很多人还是会联想到：保姆、阿姨等形象。社会对于幼儿园老师的认识仅限于其表面的工作内容，却忽略了其深层次的职业素养。这种职业素养既有内在的也有外在的，既有理性的也有感性的。我们的教师首先要认识到，幼儿园老师究竟应该以一种什么姿态和形象示人，从外在的、感性的角度来说，老师应该是阳光、自信、大方的，对工作充满热爱和热情的，从内在的、理性的角度来说，教师应该是专业的、具有教师职业特点和职业识别度的。

有句话说：以貌取人。从某种意义上来讲，这句话是合理的。那么，幼儿园的老师应该以什么样的貌被人取呢？带着这样的思考，我们开展了形式多样的老师礼仪培训活动。

例如，《最美幼儿教师之形象篇》，以打造幼儿教师形象为主题，引导教师从着装、妆容、仪表等方面去提升自己。恰当的着装可以塑造幼儿教师阳光、健康、优雅的外在形象，同时适宜的妆容也可以提升教师的精神风貌。尽管每天与众多孩子在一起，要面对十分烦琐的保育工作，但是永葆一颗爱美的心是非常必要的。提升教师个人形象，让她们感受到，幼儿教师的一天并不是只有一地鸡毛，也可以是精神饱满，靓丽朝气的，这种对美好追求的积极情感也会在无形中传递给幼儿，增强教师自身幸福感。

再如，《最美幼儿教师之素养篇》，开展《幼儿教师礼仪培训》《幼儿教师 44 种语言》等活动，引导幼儿教师学习交往礼仪，接待礼仪，增强其与人沟通能力，尤其是与家长的沟通礼仪和沟通技巧，有助于有效开展家长工作，极大减少家园冲突。《幼儿教师 44 种语言》，主要是引领教师读懂孩子，善于运用职业术语，例如，"孩子，你可以先试一试"，鼓励孩子敢于尝试，"孩子，你想对你的好朋友说什么话"，引导幼儿正确的人际交往等等，领会 44 种语言的含义，其实也体现了幼儿教师的职业素养，更加体现其专业性。

外在的良好形象和内在职业素养都是为幼儿教师赢得社会地位的重要因素，所以，良好的职业形象是建设职业道德的关键。

三、潜心积累职业智慧，是职业道德建设的核心

怀揣教育初心，面呈良好的职业形象，还是不够的，当一位教师在日常工作中总有诸多困惑，麻烦不断，我想，无论她多么有教育情怀，多么

的积极乐观，日久天长，也难保对这个职业的钟情和热爱。所以，帮助教师提高自身能力，就显得尤为重要了。

带着这样的导向，我们开展了多种多样的培训活动，从理论到实操，实实在在帮助教师提高教育教学水平。例如：组织教师学习《3～6岁儿童学习与发展指南》和《幼儿园教育指导纲要》。为了避免教师学习理论知识的枯燥无味，我们采取用每日一问的方式，让每个老师都在工作微信群提一个问题，让大家来回答，在这种一问一答的过程中慢慢积累知识。

还有设置情景问题，组织教师围绕某个情景问题展开讨论，例如，面对一个内向的孩子总是不愿意参加集体活动，作为当班老师，你会怎样处理。类似这样的研讨会，提高教师解决问题的能力。

通过课例分析引导教师研究教学，分析幼儿，评价课程，探讨更好的教学方法。

只有做一名智慧型教师，日常工作的各种困难才能迎刃而解。例如，当两个孩子因为抢玩具而打架时，智慧型教师善于运用儿童心理学和教育学等理论去分析和寻找解决问题的办法，而非智慧型教师则会埋怨孩子调皮，不仅不能正确处理问题，还会因为熊孩子的调皮令自己心情烦躁，工作压力大。

引导教师认识到，只有坚持学习才能蜕变成为一名充满智慧的教师，才能在一次次的成长中感受提升带来的成就感，才能更深层次地感受这个职业的价值感，这一步是幼儿教师职业道德建设的核心。

幼儿的道德教育是一个知情意行的过程，即道德认识，道德情感，道德意识，道德行为。首先是对某种行为的认识，然后是在情感上对某种行为的认可，慢慢形成一种意识，从而固化成为道德行为的一个过程。对于教师的职业道德建设也可以借鉴此理论，幼儿教师职业道德建设是一个长期的系统的工作，并非开展一次法律讲座、两次师德培训就可以解决的，而是应该常态化地引导切入，指导为主，达到从道德意识到形成道德行为的成功升华。

浅谈五大领域教学之音乐教学策略的若干思考

——记音乐教研活动评析实录

广外佛山君御幼儿园　雷迪

一、集中培训阶段

每位教师都能端正学习态度，准时到位，勤做笔记。这个环节中，我们梳理了幼儿园音乐教学的培养要点、目标导向、课程类别以及各个类别的开展形式。

　　不足之处在于教师的互动性还不够，在研讨过程中，只有真正投入，积极互动，才能碰撞出智慧火花，我们才会"越研越乐"。

二、课例展示阶段

　　每个小组综合各组员的意见后推出了代表各自组的课例。首先以说课的形式向大家展示。在这个环节中，各位老师表现出极强的团队合作精神，积极为展示一节优质课例出谋划策。在评析课例环节，主要以下几点讨论：

　　（1）紧紧围绕目标展开讨论，以活动目标作为整节课的起点和归宿。

　　（2）不忽视活动准备的考量。

　　（3）细细斟酌活动过程的设计，是否紧紧围绕活动目标来开展，是否以游戏、体验式的方式开展，是否关注整体幼儿发展，教师是否善于为幼儿梳理知识。

　　（4）在活动评价环节，是否全面考虑，是否有阶段评价和整体评价，从三个维度去系统总结。

　　（5）活动延伸环节是否科学合理等等。

　　这些都是我们在听完四节课例展示后大家讨论的重点。

三、活动观摩阶段

　　大部分老师能做到按时按点听课评课，对于存在的问题，大家都耐心探讨。针对在观摩活动中看到的问题，大家也发表了自己的见解，以下是部分观摩课例评析：

　　（1）音乐欣赏《啄木鸟》。这节课在目标的制定上不够准确，活动过程中缺乏重难点的突破，课程选材上缺乏严谨，由于音乐原曲的问题，给教学实施造成一定的困难。

　　那么我们在开展音乐欣赏教学活动时，应该注意哪些问题呢？

　　首先，我们要弄明白，音乐欣赏主要培养孩子哪些音乐方面的能力？音乐欣赏是让他们通过倾听音乐，对作品进行感受理解和初步鉴赏的一种审美活动，大致发展其三方面的能力：一是倾听，二是理解，三是创造性表现。倾听是一种有意识的听；理解包括对乐曲的内容、结构、风格和情感的理解等等；创造性表现是指他们会以各种表情或者动作，对音乐作出反应。弄清楚这三点以后，我们在设计音乐欣赏活动时，才能做到有针对性，做到心中有数。

那么在开展活动的过程当中，又应该要注意什么呢？首要的是对音乐作品的分析，这个分析是指老师要对作品进行分析，分析音乐作品的内容、形象、风格等等。《啄木鸟》这节课由于没有歌词只有旋律和曲调，所以建议老师在引导幼儿欣赏的过程中可以借鉴故事贯穿情节，这样有助于幼儿理解曲目内容。

其次，老师在引导幼儿倾听音乐的过程中，应该增加次数，并且有针对性地去引导幼儿。我们要听什么？听旋律，听音色，听速度，听力度，听结构。只有做好了这一步的基础，才能够引导幼儿很好地理解音乐作品的情感和内容，以及风格。

由于本首曲目《啄木鸟》在识别度上缺乏科学性，所以幼儿很难分辨出音乐的结构，这也提醒我们老师在选择音乐欣赏材料的时候注意把握曲目识别度鲜明。活动过程的最后一个环节，老师引导幼儿想象啄木鸟给大树治病的情景，这一步做到了培养幼儿创造性发展是非常好的。另外，教师在上课过程中，还应该要注意阶段评价和整体评价相结合。

最后是观摩活动结束后的拓展式思考，音乐欣赏活动能否有多种开展形式呢，例如与美术活动相结合，与韵律活动相结合等等。

（2）由 A 老师执教的歌唱活动《我爱我的小动物》，选材贴近幼儿生活经验。目标制定充分考虑幼儿年龄特点。整节课老师都能做到耐心引导，以游戏的形式，帮助幼儿掌握歌曲内容。但是由于教师对于课程时间把握不够准确，造成在导入部分耗时太长，而没有将大部分的时间，运用到突破课程重点和难点方面，主体部分不够突出。

教师在准备教具方面考虑不够周全。教具的准备没有很好的为教学活动服务。考虑到小班幼儿年龄特点，建议老师可以利用图谱来帮助孩子理解歌词内容。同时在歌唱的过程中，老师还应适度提醒幼儿以何种姿态来进行歌唱，逐步培养幼儿良好的歌唱行为习惯。

在开展歌唱活动中，我们首先要了解歌唱活动能培养幼儿哪些音乐方面的能力。例如对歌词的记忆、音域的把握、节奏音准、呼吸表情、合作协调、创造性表现等。明晰以上，老师在组织歌唱活动的时候，引导才会更加具有全面性。教师在对幼儿进行活动评价的时候，才可以做到整体性，而不仅仅局限于学会了唱某首歌曲。

（3）由 F 老师执教的韵律活动《劳动狂想曲》，目标具体、恰当、活动过程较清晰，尤其是对于每个分解动作的讲解较细致。通过教师的逐步引导，让幼儿创编出各种不同的劳动动作。这一步能够很好地培养幼儿的创造性。

但也存在一些不足之处。首先，我们知道韵律活动发展的能力有以下四方面：动作、随乐动作、合作协调、创造性表现。在动作这一项，老师的引导完成得相对较好一些。但是在随乐动作这一项相对较欠缺。随乐动作是指幼儿能够跟随音乐的节奏和情绪，做各种身体动作，并且在韵律活动过程中与音乐协调一致，其中包括幼儿的节奏、节拍、力度、旋律速度等。其次，教师在讲解完每一个劳动动作后，建议可以跟随音乐练习，并且注意强调幼儿的动作以及音乐节奏和节拍等因素。在练习的过程中，老师还应该注意强调音乐的规律，以帮助幼儿能够很好地分辨，做出相对应的动作。最后，怎样去引导幼儿变换动作呢？什么样的音乐做什么样的动作呢？这也是需要幼儿在熟悉音乐的基础上，辨识不同的音乐来变换动作，而不是靠老师临时的口令来指挥。

（4）H老师执教的打击乐《餐具进行曲》，选材新颖，构思完整。采用我们日常使用的餐具来作为乐器进行演奏。

在节奏乐活动开展过程中，我们要把握几个要点：第一是乐器的操作；第二是随乐能力；第三是合作协调；第四是创造性表现。

教师在这节课中存在的问题有以下几个方面。首先，教师语言有点啰嗦，没能精简明了地将知识点讲解清楚。在介绍乐器的时候，可以让小朋友尝试各个乐器会敲出怎样的声音，以很好地激起幼儿的学习兴趣。其次，课堂气氛不够活跃，幼儿的参与状态不够，这与教师安排座位以及乐器操作的形式有一定的关系。再次，教师有采用图谱的形式来引导幼儿熟悉乐曲节奏，但是图谱的制定不够科学，这给活动的开展造成了一定的影响。最后，建议老师在引导幼儿演奏的过程中，要强调幼儿注意看指挥来做相应的动作，以培养幼儿良好的音乐活动习惯。在演奏过程中，建议老师尝试为孩子提供更丰富的演奏乐器，而非单一的一种，并且在演奏形式上多考虑幼儿的合作和协调能力，通过不同形式的演奏来达到这一目标。

本次音乐研讨活动已经结束，梳理以上评析实录供老师思考、归纳总结，最后感谢大家精心准备提供课例让我们每个人在这个过程中都学有所获。

第六节　远　航

广外领导视察广外佛山君御幼儿园

2015年7月10日，广东外语外贸大学副校长陈林汉教授、顾也力教授，教育集团孙建军总经理一行莅临广外佛山君御幼儿园进行参观指导。集团董事长梁赞文先生、总裁梁鸣先生、常务副总裁周瑞生女士、园长周宇女士等进行了热情地接待，并对幼儿园建设筹备情况进行了详细介绍。

在周园长的带领下，校领导先后参观了各楼层的教学活动室、功能室、教师办公室、后勤厨房。

当来到以日本文化为主题的活动室"东京之家"时，窗边一览无遗的湖景风光让人心旷神怡，同时，浓郁的日本文化透过各种元素体现出来。对日本文化有独特见解的顾校长指出了幼儿休息区域用榻榻米的方式较为新颖，同时也给我们讲解了日本式的榻榻米的配置方式，建议通过改良让孩子们使用更为安全，体现校园设施的人性化设置。

色彩斑斓的美术室吸引了领导们的目光，作画工具、操作材料和作品展示柜一应俱全，满满地摆放在专用架上，专业的儿童画架整齐地排列起来。在精致的绿色植物的衬托下，整个功能室充满着温馨的气氛，在这里孩子们可以充分发挥想象力和表现力。

三位领导对教室内的布置格局给予了高度评价，认同我园"一切为了孩子，坚持全人教育，培养走向世界的现代人的办学理念"。同时在参观过程中提出了许多宝贵的建议，增强了我们九月新学期顺利开学的信心。

高明区荷城街道领导莅临广外佛山君御幼儿园视察

2016年9月5日下午，高明区荷城街道人大工委主任关卓明、高明区团委书记宗黎明、荷城街道党工委委员黎卓升等领导来到广外佛山君御幼儿园视察工作。

领导们实地察看了幼儿园的园所环境，并走进活动室了解孩子们的生活和学习情况。幼儿园干净整洁富有浓郁国际文化特色的教育氛围，给领导们留下了深刻的印象。广外佛山君御幼儿园周宇园长从办园理念、教学特色、课程打造等方面向各位领导做了详细介绍。

参观结束后，领导们对广外佛山君御幼儿园的办学理念、教育管理等表示肯定，尤其对幼儿园的国际文化特色给予了高度评价。高明区荷城街道人大工委关卓明主任从三个方面总结了幼儿园的办园水平。首先，幼儿园的环境创设从细节体现对幼儿健全人格的培养，处处体现了教育人的独具匠心。其次，幼儿园鲜明的园所特色从环境打造、课程体系等方面得到了彰显。最后，规范的管理让大家对幼儿园今后的办学之路报以极大的信心和期望。

领导们的肯定和鼓励是幼儿园前行的无限动力，我们将一如既往秉承广外教育人专业更敬业的工作信念，继续务实创新，自我提高，自我革新，为高明的幼教事业不懈努力！

国信控股公司领导亲临广外佛山君御幼儿园指导新学期工作

2016年9月7日上午，国信控股公司董事长梁赞文先生、总裁梁鸣先生等一行5人来到广外佛山君御幼儿园检查指导开学工作。幼儿园董事长何颖莲女士及周宇园长带领公司领导参观了园容园貌，并对我园各项极具特色的环境创设做了详细介绍。

领导们深入教室内外、美工室、操场等场所，认真察看幼儿园的办学条件、生活环境、安全设施等情况，详细询问幼儿园现阶段面临的困难和问题，现场协调有关问题，提出指导意见。幼儿园从无到有，现今取得如此大的进步，离不开公司的大力支持。

领导们走进每个班级，和小朋友们亲切互动，小朋友们都可兴奋了，主动地挥着小手喊叔叔阿姨好！

领导们的到访，使我们真切感受到了领导对幼儿园发展的关怀和期望，促使我们更加努力地做好各方面工作，为打造富有广外教育特色优质的学前教育品牌而努力！感谢公司对广外佛山君御幼儿园的鼎力支持，拥有公司的信任和支持，我们会再接再厉，再创辉煌。

禅城区卫生监督所领导莅临我园指导

2016年9月19日上午，佛山市卫生监督所相关领导一行8人来到广外佛山君御幼儿园进行卫生监督检查。

踏进幼儿园的大门，督导组深深地被我园的园容园貌所吸引，并赞美了我园极具国际文化特色的环境布置，真正做到环境育人。全体教职员工饱满的精神面貌和工作热情也得到了督导组充分地肯定。看到督导组的叔叔阿姨，幼儿园的小朋友们挥着小手热情地和叔叔阿姨打招呼。督导组通过查阅资料、听取汇报、实地检查等方式，重点对幼儿园的传染病疫情报告制度、晨检制度、环境和物品消毒工作、饮用水维护、卫生保健人员配备的落实情况等进行检查。

检查中，督查组强调，当下是手足口病和登革热的高发季节，幼儿园是传染病防控的重点区域，一定要高度重视。

检查结束后，督导组赵所长对我园卫生保健工作给予充分肯定和好评，认为我园手足口病、登革热防控工作做得专业、细致、扎实，并希望我们能持之以恒，不断提高工作水平，继续为孩子们营造一个健康安全的良好环境，促进幼儿健康快乐地成长。

金秋时节迎嘉宾 强强合作谱新篇
——广外附中附小吴玉爱校长一行来园指导

2016 年 9 月 21 日，广外附属中小学吴玉爱校长一行 21 人莅临我园参观指导。在广外佛山君御幼儿园周园长的陪同下，吴校长饶有兴趣地参观了温馨舒适的幼儿园。

周园长就本学期我园的国际文化体验课、木工课、陶艺课、烘焙课等特色课程和师资建设进行了详细地介绍。

吴校长对我园特色课程的有效开展及孩子们极具创意的陶艺、木工等作品赞不绝口。

我园超省一级的配备和设备齐全的功能室深深地吸引了广外附属中小学的教职员工。吴校长对戏水池、沙池、图书阅览室、美工室、洗消间、课室的精巧布置给予高度评价。

看到叔叔阿姨们，宝贝们都争当懂礼貌的好孩子，主动和叔叔阿姨打招呼。

我园教职工积极向上的工作热情和宝贝们的欢声笑语赢得了吴校长一行 21 人一致的肯定。吴校长对我园的园容园貌、设施设备、师资力量、教学水平、办学理念等方面给予了高度赞扬。吴校长和罗书记为我园宝贝送上乒乓球和球拍。今后，我们会多加联系，相互促进，做到资源共享最大化，为宝贝们创造更优质的教育环境。

领导关怀，情暖金秋

——广东外语外贸大学刘建达副校长一行莅临我园参观指导

金秋十月，丹桂飘香。2017年10月12日上午，广外佛山君御幼儿园迎来了广东外语外贸大学刘建达副校长、教育集团孙建军总经理及黄汐副总经理来园视察调研。国信控股总裁梁鸣先生、董事长助理陈子钊先生及幼儿园董事长何颖莲女士陪同参观，周园长详细地介绍了幼儿园办学情况。

刘校长看了宝贝们的陶艺作品，对宝贝们的想象力十分赞赏。开阔宝贝们思维的木工课程得到了领导们的高度认可，充满国际文化风情的环境布置、宽阔明亮的课室和丰富多样的活动材料是宝贝们的快乐小天地。

领导们一边参观一边亲切地和宝贝们打招呼，宝贝们的脸上充满了笑容向叔叔阿姨问好。

最后，刘校长一行听取了周园长的办学情况汇报，充分肯定了幼儿园的发展以及教师队伍的建设，同时也对幼儿园的品牌特色、规划发展等方面提出了建设性的建议。

胡琦华副局长莅临我园指导特色品牌建设

为了深入了解高明区幼儿园办学现状，加快特色品牌建设，促进高明教育高位均衡发展，2017年9月20日，区教育局胡琦华副局长带领各位领导和专家一行10人深入我园调研特色品牌建设。

周园长首先对大家的到来表示热烈的欢迎，感谢各位专家和领导对幼儿园特色品牌建设的重视和支持。广外佛山君御幼儿园是广外教育集团旗下的一所幼儿园，享有高校品牌优势，拥有丰富的教育资源。广东外语外贸大学是一所国际化特色鲜明的高水平大学，具有50多年的办学历史和深厚的文化底蕴，所以凸显我园的国际化特色便成了我们追求的目标。我园依托广外丰富的教育资源确立了国际化办园特色，开设国际文化体验课程，通过形式多样的活动，学习多国语言、感受中华文化、体验世界风情，使孩子们成为"懂礼貌、守规则、受欢迎"的具有中国情怀、国际视野的世界小公民。

雷副园长对我园特色品牌建设情况进行了详细汇报，深入介绍了我园管理模式的国际化、国际文化体验课程的开展、环境育人的具体措施及取得的硕果。我们以培养孩子的实操能力和创新思维为抓手进行了大胆的创新，开设了陶艺、木工、烘焙、远足、足球等课程并融入国际文化体验课，不断提高教育教学水平，每周举行教师研讨会，在高明区逐步发展成为特色优质名园。

胡局表示，君御幼儿园有鲜明的品牌特色，深厚的教育根基，强大的教育资源，作为区一级幼儿园的代表，教育部门会大力支持，锤炼打造优质特色名园。各位领导和专家也纷纷发言，给我们出谋划策，共同探讨君御幼儿园特色品牌建设的方向与路径。

我园小云山合唱团的活动也受到了与会领导和专家们的肯定和关注，纷纷建言献策，希望我们办得更好。小云山合唱团于 2016 年 3 月进军中央电视台《七巧板——宝贝爱唱歌》栏目，凭借极强的舞台感染力和岭南特色荣获最佳表演奖。2017 年 3 月我园正式成为中央电视台拍摄基地。今年，我们将面向全高明地区进行海选，为孩子们提供更大的舞台。

随后，胡琦华副局长和各位领导、专家在周园长的带领下参观了环境优美的幼儿园和国际文化体验大厅。

周园长详细介绍并示范了我园的宝贝小厨房课程，孩子们在体验制作美食乐趣的同时，还可以学习到中西方礼仪的不同。

胡局长表示，走进君御幼儿园，就能感受到浓厚的文化魅力，特色彰显，环境育人。

通过本次调研，我园理清了思路，明确了特色办园的发展方向，与会领导们与专家的肯定与鼓励，让我园受到了极大的鼓舞，我们将更加深入地发挥自己的优势，将特色和品牌建设做到更好！

佛山市教育局商学兵局长一行莅临我园参观指导工作

2017 年 11 月 17 日下午，为进一步了解高明区学前教育实际，佛山市教育局局长商学兵一行在高明区教育局副局长胡琦华等领导陪同下到广外佛山君御幼儿园开展调研观摩工作。公司领导梁鸣总裁、园领导周宇及相关部门负责接待。

到园后，商学兵局长一行参观了我园的攀爬坡、国际文化展厅、君御后花园、戏水池、宝贝小厨房、教室配备等，商局长提到我园的户外活动场所非常适合 3～6 岁儿童发展的需求，硬件配备齐全，设计理念合理。

商学兵局长对我园办园两年取得的成绩表示祝贺，特别对我园的办园理念"一切为了孩子，坚持全人教育，培养走向世界的现代人"表示赞赏，因为它传承了广外教育的根本，而我园的园本特色课程紧紧围绕着办园理念而设计。走出广外君御幼儿园的大门，商学兵局长与我园园长周宇握手道别，并对我园寄予了希望。

国外考察团、广东外语外贸大学考试中心领导
相继莅临我园参观考察

伫立在春意盎然的三月里，绿色的律动诠释着生命的意义，春的阳光破解着三月的鲜活明媚。我园丰富完善的育人环境、精致用心的环境创设以及教育教学特色得到了社会的高度认可。3月15—16日澳洲的国际学校考察团及广外大白云校友会会长汪毅、广外大考试中心主任尚敏锐纷纷来园参观。

看到我园丰富的课程设置和教学玩具，尚主任说想起了新加坡的伊顿幼儿园。在幼儿启蒙阶段，孩子们每天都可以接触新鲜的事物，亲身体验不同的课程，这样的教育方式可以培养孩子的兴趣，甚至还会影响孩子未来的选择。

看到孩子们积极筹备央视节目的情景，尚主任情不自禁举起了手机。自信、大方的孩子深受大家的喜爱。

来到国际文化展厅，大家表示看到我园国际文化元素的陈列，仿佛看到了大英博物馆的缩影。幼儿园的孩子从小浸润在一个幸福的环境，接受着知识的熏陶。

用心教育，对孩子负责，让家长放心，一直是我们践行的标准。

澳洲国际教育集团在佛山外校方建军校长的陪同下莅临我园交流考察，他们提到对中国幼教有了全新的认识。打破只追求结果的传统教学，每一处环境都流淌着教育的意义，因为有了教育的痕迹，而变得更加生动。我园的教育教学环境给他们留下了深刻的印象，他们对我园的国际文化展厅，纷纷赞不绝口。

深入的思想碰撞，给了我们新的启发。他们希望以后有更多的交流合作，与我们达成友谊互助。我园也会继续前行，在中西融合中寻找最适合孩子的教育。

品牌传播结硕果，吸引专家来观摩

我园在短短三年的时间里，取得了不俗的成绩。秉承着广外幼儿园的办园理念"一切为了孩子，坚持全人教育，培养走向世界的现代人"，特色教育"国际文化体验"专题立项，多篇论文在省级杂志发表、市级获奖。

我园幼儿登上中央电视台《七巧板》栏目等。基础教育取得优异的成绩，吸引了大批专家前来观摩。

2018 年 3 月 29 日上午，广外教育集团原总经理现侨鑫集团教育总裁孙建军，佛山市民办教育协会会长王倩倩，广外外校国际部校长郁婷婷，广外增城外校校长王承明，广外肇庆外校校长周小飞，广外外校校长助理、初中部校长陈莲，佛山市星火教育运营总监付爱静等来我园视察调研。在周宇园长的陪同下一起参观了我园的攀爬坡、美工室、国际文化展厅、后花园、功能室等。

专家一行实地查看了我园幼儿活动室及特色功能室，认真了解了我园基础设施及保教情况，对我园办园理念、规划、设施配备、日常管理及高素质的教师队伍给予了充分的肯定并寄予了高度的期望。感谢各位专家及领导对我园的关怀和支持，我园将不负众望将广外幼教品牌发扬光大，继续做好家长满意的优质幼儿教育。

广外英语教育学院专家团队莅临我园参观指导

当我们还沉浸在开学的喜悦气氛中时，广外英语教育学院的专家团队带着浓浓的关怀走进了广外佛山君御幼儿园。2019 年 9 月 5 日上午，广东外语外贸大学英语教育学院原院长李海丽教授、副院长吴岩教授、葛静萍书记等莅临我园开展指导工作

首先，周园长带领大家参观了幼儿园的园容园貌，向大家介绍了幼儿园这些年的创建过程，以及园所环境的创设意图，大家纷纷对充满教育意义且富有特色的园所环境赞叹不已。

孩子们见到有客人到访，都落落大方地上前问好。来访者看到如此可爱的宝贝们纷纷举起手机留影，吴院长爱心满满地抱起正处入园焦虑过渡期的孩子。

紧接着召开座谈会，本次座谈会主要针对如何开展课题研究进行研讨。

出席本次研讨会的专家有：广东外语外贸大学英语教育学院原院长李海丽教授、副院长吴岩教授、支部书记葛静萍老师。她们认真聆听了课题介绍并仔细翻阅了课题资料。

雷迪副园长向大家介绍了我园课题研究进展情况。本课题成功立项至今已有一年时间，在这一年里，课题组成员严格按照课题计划书的方案执行，查阅了大量的文献资料，开展了多次小组研讨，迄今为止，已经收集

整理教学案例数十篇、教育教学心得及论文数十篇，还有大量的音像资料供参考。

几位专家老师认真翻阅课题材料后充分肯定了课题选材恰当，定位准确，还提出了多条具有建设性的意见。吴院长表示："我们要弄明白开展课题研究的目的，找准课题研究的切入点，以园本课程为基石，抽丝剥茧，提炼果实。"

最后，周宇园长代表幼儿园发言，感谢各位专家，在我们迷茫困惑的时候，及时给予指导和帮助，犹如一场及时雨，让我们豁然开朗，倍受鼓励，从此在教科研的道路上更具激情与信心。同时，希望各位老师能以教科研为基石，真真正正将课程理念渗透到日常教学中，让教育科研与日常教学相辅相成，相互依托，抱着浓浓的教育情怀投身到教科研工作中，做一个有思想、有教科研能力的新时代教师。

课题研究是教师专业成长的需要，是解决教育教学中遇到的问题及困惑的钥匙，是促使教师在教育教学工作中更具科学性、系统性，形成严谨的教学工作作风及科研教学的意识，通往专业化道路的有利途径。通过本次研讨，我们更加有信心，会一如既往潜下心来做教研，坚持不懈，终获硕果。

一场关于幼儿教育的约定

漂洋过海，只为续写四年前的那个故事，
去赴一场关于幼儿教育的约定！
四年前的十月，也是这样秋风瑟瑟，
枫叶飘舞，丝丝凉意，
我走进了日本阪南大学，
见到了热情友好的流通学系教授洪诗鸿先生。
在他的带领下，我参观走访了多家日本幼儿园。
见识了日本幼儿教育的核心理念和完整的课程体系。
当我看到日本幼儿园的孩子都彬彬有礼，规则有序时，
当我看到日本的孩子小小年纪便不惧寒冷坚持户外单衣运动时，
当我看到日本的孩子对大自然报以极大的好奇心，积极探索时……
我的心情很复杂，
作为教育者工作的我，到底要把祖国的孩子培养成为什么样的人？
这个问题在回国后的两周时间里一直困扰着我，

我思考了良久后内心终于豁然开朗，

无论我们要将幼儿培养成何种人才，首先要是一个人格健全的人。

最后结合 30 年幼教工作经验提炼出了如今广外幼教的培养目标：

培养"懂礼貌、守规则、受欢迎"的具有中国情怀，国际视野的世界小公民。

临行前，我与洪教授约定，一定要来中国，来看看中国今天的幼儿教育，期待这一天的到来。

——周宇回忆笔记

2018 年 9 月 21 日，这场相约终于实现了。温文尔雅的洪诗鸿教授在广东外语外贸大学非洲研究院执行院长刘继森博士的陪伴下，走进了广外佛山君御幼儿园。

我们带领洪教授参观了园容园貌，分享了课程体系，介绍了我园的办园特色，当洪教授停下脚步时，由衷地发出感叹：中国的幼儿教育有了突飞猛进的发展，有些地方甚至已经超越日本，同时被我园开展各国文化体验的这种形式所深深吸引。

参观完幼儿园，洪教授坐下来和行政班子进行了畅谈，从日本的基础教育到国内的教育发展，分享了许多前沿的教育咨讯。在这个秋风徐来的午后，能静下来谈谈教育，聊聊孩子，不得不说，这是一场幸福的相遇。最后，周宇园长再次与洪教授约定，不久的将来，再次前往日本考察幼儿教育，让两种不同文化背景下的教育寻找到更多的合作点和默契点，期待下次的相约。

广外英语教育学院基础教育研究中心专家莅临我园
进行英语教学课程研讨

广外英语教育学院是一所立足于英语教学的教育学院，多年来致力于基础英语教学的研究与开发，创造了累累的教研成果。学院在得知广外佛山君御幼儿园的办学成果后，殷切表达了其合作意向。短短两月，已经进驻两批专家团队莅临我园开展指导。开学初，广外英语教育学院的专家团队莅临我园指导课题研究的身影还历历在目，时隔两个月，广外英语教育学院基础教育研究中心再次组建专家团队走进君御幼儿园，这次我们研讨的主题是：《儿童英语戏剧教学》《游戏在英语教学中的运用》，为推进我园英语戏剧教学特色，加强英语教学出谋划策。

2019 年 11 月 9 日，广外英语教育学院基础教育研究中心的专家们走进君御幼儿园。

上午 9:30，周园长携行政领导班子迎接广外英语教育学院基础教育研究中心的专家们，并带领大家参观了幼儿园。专家们对幼儿园环境和教育有机结合的教育理念给予高度评价。

随后，在幼儿园会议室，召开了《儿童英语戏剧教学》《游戏在英语教学中的运用》为主题的研讨会。会议由周宇园长主持。

教育学院三支部书记和基教中心负责人江健博士首先介绍了广外英语基础教育学院研究中心的相关情况，并对与我园的合作思路提出了自己的见解。

保教主任邱晓静对本学期英语戏剧的开展情况进行了介绍，并提出开展过程中的收获及困惑，尤其是外籍教师 Anna 详细地与大家分享了在日常教学中的成绩与面临的困惑。

肖健芳博士从开展实施途径、教学实施过程中存在的误区以及不同年龄段戏剧教学实施的技巧和策略等方面进行了讲解，同时还强调了加强师资队伍戏剧素养的养成等。通过讲解，进一步帮助教师理清教学思路，把握教学技巧，帮助一线教师解决了英语戏剧教学执行中存在的实际困惑。

齐湘燕委员、李春林博士、卓艳芬老师、莫慧咏老师等也纷纷发言，专家团队针对《儿童英语戏剧教学》《游戏在英语教学中的运用》提出了多条具有建设性的意见和建议。

本次英语座谈研讨会在专家团队的引导下，使我们更加明确了方向，理清了思路，让全体教师对英语戏剧教学有了更进一步系统的认识，对游戏在英语活动中的实施与开展也有了新的思考，为促进我园英语教学开创了新局面。

广外教育集团总经理何勇斌先生莅临我园调研

广外教育集团成立于 2010 年 10 月，是学校开发、管理和运营教育产品与业务的专门机构。集团以"教育传递价值"为理念，坚持"依托大学、整合资源、规范管理、打造品牌、提供价值"，积极探索基础教育的发展之路，践行服务社会的责任。

2018 年 12 月 23 日，广外教育集团总经理何勇斌先生、副总经理黄汐先生一行 3 人莅临广外佛山君御幼儿园开展调研工作。

　　首先，周园长带领大家参观了幼儿园的园容园貌，向大家介绍了幼儿园这些年的创建过程，以及园所环境的创设意图。

　　走进多元文化的国际文化体验大厅、充满艺术气息的美工室，经过温馨美观的楼梯走廊，来到自然情趣的种植区，无不给来访者留下深刻的印象。如此富有文化底蕴的园所环境创设让大家眼前一亮，有力地彰显了我园园所文化的特色建设，何勇斌总经理还打趣地说："我被这样一所幼儿园惊艳到了。"

　　停下参观的脚步，我们在会议室召开了广外佛山君御幼儿园办学情况汇报会议。

　　周宇园长代表幼儿园汇报了办园三年以来的办学情况，分别从团队建设、特色打造、品牌宣传、教育教学、办学成果等几个方面进行了详细阐述，并对下阶段的工作设想进行了汇报。

　　广外佛山君御幼儿园自 2015 年 9 月开办以来，至今已是第三年。在上级领导的关心和支持下，在全体教职员工的共同努力下，凭借着广外教育金字招牌的影响力和广外教育人务实拼搏的工作作风，圆满完成第一个三年发展规划期的目标，并以高铁效应的速度推动着幼儿园快速发展。开园两个月，顺利通过高明区规范化幼儿园的评估，开园一年半，顺利通过高明区一级幼儿园的评估，目前，正在积极申报佛山市一级幼儿园评估。

　　何勇斌总经理高度肯定了我园的办园模式和教育理念，并代表广外教育集团表示：在未来的发展路上，将一如既往地大力支持幼儿园办学，不断整合资源，并将在教育科研、师资培养等方面给予具体指导和实质性帮助，带领幼儿园及整个集团附属教育机构快速向前迈进。

　　根植广外，落户高明，在广外教育集团的关心何支持下，幼儿园必将不断发展壮大；感谢广外教育集团对我园的大力支持，我园将不断创新，秉承特有的教育理念，去努力实现我们的教育梦想！

后　记

　　经过一年多的酝酿与写作，该书终于要与读者见面了。在此我要感谢广东外语外贸大学的各级领导多年来对幼教事业的支持，对我工作的肯定与鼓励！感谢国信控股公司的领导给予的平台和实践机会！感谢我的团队的积极配合和辛勤付出！感谢多年来支持我的家长朋友们！感谢我的家人对我的包容与支持！

　　这本书的出版是对我过去三十多年幼教工作的总结，以此求教于幼教同行。幼教行业人才辈出，我们所做的探索未必具有普遍性和代表性，我们还需要向那些卓越的幼教品牌学习，继续努力把我们的工作做得更好。

　　随着幼儿园的不断进步，我们收获了团队的成长，社会的认可，领导的表扬。但随着社会的发展，社会发生了很大变化，幼儿教育在经历了4个月的停滞之后，也将产生一些变局，家长的需求也将更多样性。

　　为了满足一部分家长的要求，君御幼儿园开设了国际班，由外教全英教授五大领域课程，实现具有鲜明特色的国际化教学。

　　国家计划生育政策调整以后，对托育的需求爆炸式增长，我和我的小伙伴在与时俱进地思考如何满足家长对托育新的需求，用自己所学和积累服务社会，回馈家长。

周　宇

2020 年 5 月 23 日